Alain Desrosières et Laurent Thévenot

LES CATÉGORIES SOCIOPROFESSIONNELLES

nouvelle édition

Éditions La Découverte
1, place Paul-Painlevé, Paris Ve
1992

Si vous désirez être tenu régulièrement au courant de nos parutions, il vous suffit d'envoyer vos nom et adresse aux Éditions La Découverte, 1, place Paul-Painlevé, 75005 Paris. Vous recevrez gratuitement notre bulletin trimestriel **A la découverte.**

ISBN 2-7071-1758-7

Introduction

Après la diffusion des résultats du recensement de 1975 concernant la répartition de la population active par CSP [Thévenot, 1977] [1], un hebdomadaire dont le public cible est justement composé de cadres, *L'Express*, titre : « Les cadres : 4 250 000 problèmes. » Le chiffre « officiel » de l'INSEE est rapproché d'illustrations : en couverture, un cadre est figuré en penseur de Rodin, et, dans des encadrés, sont présentés les exemples d'un fondé de pouvoir de banque nationalisée, d'un directeur de ligne de produit, d'un ingénieur biologiste. A cette date, la « catégorie socioprofessionnelle » (CSP) « ingénieurs » compte 256 000 personnes, et la CSP « cadres administratifs supérieurs », 654 000, soit au total 910 000 personnes. Pour atteindre un chiffre près de cinq fois supérieur, il a fallu d'abord ajouter à ces catégories les « professions libérales » (172 000) et les « professeurs, professions littéraires et scientifiques » (377 000), et obtenir ainsi le total du groupe socioprofessionnel « professions libérales et cadres supérieurs » (1 459 000). On est encore loin du chiffre de 4,2 millions que

1. Dans ce livre, CS désigne les catégories socioprofessionnelles en général ; CSP, les CS au sens de la nomenclature de 1954 ; PCS, les CS au sens de la nouvelle nomenclature (professions et catégories socioprofessionnelles).

Les noms suivis d'une date qui figurent entre crochets renvoient à la bibliographie en fin de volume.

Nous remercions Dominique Merllié pour la lecture compétente et minutieuse d'une première version de notre texte, qui nous a permis de corriger des erreurs ou imprécisions.

l'on n'atteint qu'en ajoutant encore l'ensemble des effectifs du groupe socioprofessionnel « cadres moyens » (2 765 000). Or, ce groupe est composé de 737 000 « instituteurs », 299 000 « services médicaux et sociaux » (infirmières, kinésithérapeutes, psychologues, assistantes sociales, etc.), 759 000 « techniciens » et 970 000 « cadres administratifs moyens ». Un autre hebdomadaire commentant les mêmes chiffres, *Le Nouvel Économiste*, donne un exemple de « cadre moyen » en la personne d'un secrétaire général d'une PME d'articles de voyage. La CSP « cadres administratifs moyens » comprend, en fait, près d'un tiers de fonctionnaires du cadre B (niveau contrôleur) auxquels s'ajoutent des représentants de commerce, des comptables et des secrétaires de direction qui peuvent, eux, avoir le statut de cadre [Desrosières, Thévenot, 1981, p. 183]. Ajoutons que l'exemple du *Nouvel Économiste* aurait été codé dans la CSP « cadres administratifs supérieurs ».

Nous sommes donc ici en face d'une confusion entre, d'une part, une représentation statistique condensée dans un chiffre, et, d'autre part, une représentation constituée de mots et d'exemples types figurés par des images ou des descriptions mettant en valeur des emblèmes typiques de cadres. On pourrait à ce propos parler de falsification ou tout au moins d'erreur résultant d'une mauvaise information sur la classification professionnelle qu'un ouvrage tel que celui-ci se proposerait de compléter. Comme le lecteur le constatera au fil de notre propos, nous avons cherché non pas tant à rectifier des erreurs qu'à éclairer tout un processus d'*interprétation* des catégories sociales dont l'exemple précédent n'est qu'un cas extrême, et qui trouve toujours sa place dans l'utilisation des données statistiques, ne serait-ce que lors de la lecture d'un tableau associant un chiffre à un intitulé de colonne.

Les enquêtes et les études visant à décrire la société française utilisent très souvent ce découpage socioprofessionnel qui, fabriqué par des statisticiens et des démographes de l'INSEE dans les années cinquante, a été ensuite repris bien au-delà du cercle des statisticiens et des spécialistes des sciences sociales, familiers de la conception technique de l'instrument. La généralisation de son usage nécessite donc une présentation accessible de sa construction et de ses mises en œuvre, particulièrement utile au moment où la nomenclature a été sensiblement remaniée. Cela constitue donc un premier objectif de cet ouvrage : décrire la structure de la nomenclature et les raisons des modifications apportées en 1982 (chapitre IV) et esquisser une synthèse de résultats accumulés au moyen de cet instrument (chapitre V).

Cependant, une classification socioprofessionnelle ne peut être traitée comme n'importe quel outil statistique dont il s'agirait d'expliquer le fonctionnement. Elle est étroitement liée aux opérations de *représentation* d'une société : représentation *statistique*, certes, obéissant à certaines contraintes techniques ; représentation *politique*, ensuite, puisque l'on parle aujourd'hui couramment des « socioprofessionnels », pour des personnes ayant un mandat comparable à celui d'autres élus ; représentation *cognitive* ordinaire, enfin, dont chacun dispose pour se repérer et faire des rapprochements dans la vie en société, et qui a rapport avec la profession ou le milieu social.

La présentation des CS, de leur évolution, de leur contenu, de leur utilisation et des effets de cet usage, ne peut donc se passer de la prise en compte des liens entretenus avec d'autres formes de représentation de la société. Nous envisagerons ces liens sous trois éclairages successifs qui permettent un recul suffisant pour mettre en question l'évidence naturelle du classement : un éclairage historique (chapitre I), une approche politique de la représentation professionnelle (chapitre II), une étude sociologique et cognitive des catégories ordinaires du repérage social et de leurs influences sur la chaîne de traitement statistique (chapitre III).

L'histoire, la fabrication et l'utilisation des CS ne sont donc pas des thèmes abordés de façon disjointe. Cette séparation, à laquelle on procède souvent, a comme conséquence fâcheuse que la nomenclature, au moment de l'utilisation, efface complètement tant sa genèse historique que les conditions d'enregistrement, de codage et d'interprétation qui ont conduit à l'élaboration et la compréhension des tableaux de données.

Les approches précédentes convergent pour mettre en évidence au moins deux origines et deux utilisations de la CS, fondées sur des modalités différentes de rapprochement des personnes et de constitution d'un ordre social. La nomenclature est une représentation composite qui ménage un compromis entre ces modalités. L'un des modes consiste à caractériser des « familles », des « foyers », des « ménages » ou un « milieu », à partir de relations et de filiations personnelles, de transmissions familiales de façons de faire et de vivre. L'occupation professionnelle prend alors la forme d'un « métier ». Ce mode s'oppose à un autre qui qualifie les personnes par leur « emploi » dans la division du travail, c'est-à-dire par une capacité anonyme, définie par des critères et souvent sanctionnée par un diplôme ou un statut relevant d'une grille hiérarchisée de « qualifications ».

Le travail présenté ici résulte d'une longue participation aux travaux de l'INSEE, en particulier à la réforme de 1982 qui a conduit à la nouvelle nomenclature, dite des « Professions et catégories socioprofessionnelles » (PCS), et aux études qui les mettent en œuvre. L'INSEE a, depuis longtemps, encouragé des recherches de fond, historiques ou méthodologiques, sur les nomenclatures, les définitions des variables statistiques, les techniques de questionnement, de codage et de traitement des données. Ces travaux ont été également, de longue date, stimulés par une collaboration avec des sociologues. Cette rencontre entre deux espaces scientifiques qui, dans presque tous les autres pays, sont complètement séparés, a apporté une aide inappréciable pour aborder et traiter les questions de nomenclatures.

I / L'histoire des nomenclatures socioprofessionnelles

La nomenclature française des professions et catégories socioprofessionnelles (PCS) est utilisée par les statisticiens et par de nombreux spécialistes de sciences sociales depuis le recensement de 1982. Elle résulte d'une longue évolution, spécifique à la France. Cela lui confère un caractère en apparence disparate, qui gêne ou irrite parfois certains utilisateurs ou certains théoriciens. Ceux-ci souhaiteraient réduire sa structure à une logique simple qui, selon les auteurs, devrait être une division en métiers, au sens traditionnel du mot, une décomposition en classes sociales, par exemple sur le modèle marxiste, une grille de qualifications mettant en regard des formations et des emplois, une hiérarchie d'aptitudes reflétant des talents innés, une échelle de statuts dotés de prestiges sociaux différents, ou encore un découpage en milieux regroupant des personnes voisines par leurs comportements sociaux.

Or, il se trouve que la nomenclature PCS renvoie peu ou prou à presque tous les aspects énumérés ci-dessus. Seule l'histoire de la façon dont les statisticiens ont enregistré les professions au cours du temps permet d'expliquer un pareil assemblage. En effet, selon les périodes, cet outil de codage a pris des significations très variées, qui n'ont pas complètement disparu dans la version actuelle et qui permettent de comprendre ces usages très divers. L'histoire de la nomenclature socioprofessionnelle utilisée par les statisticiens depuis le début du XIXe siècle fait apparaître trois grandes phases [Desrosières, 1977]. La première est encore très marquée par l'organisation en métiers qui prévalait sous l'Ancien Régime. La deuxième, à partir des années 1850, voit émerger peu à peu la distinction de plus en plus claire entre salariat et non-salariat. La troisième est caractérisée, après les années trente, par l'introduction d'une hiérarchie du salariat selon des grilles liées au système de formation. Ce sont ces trois étapes successives qui permettent de comprendre la nomenclature d'aujourd'hui.

1. Métiers et transmission familiale

Malgré l'abolition des corporations anciennes par la loi Le Chapelier en 1791, l'organisation sociale des métiers et le vocabulaire qui lui est lié restent très prégnants en France tout au long du XIXe siècle : on en voit bien la trace dans les questionnaires ou comptes rendus de l'époque. Ainsi, en 1800, le ministre de l'Intérieur, Chaptal, demande aux préfets récemment nommés à la tête des départements d'évaluer le nombre des individus de différentes « classes » [Bourguet, 1988]. Il distingue d'abord les « propriétaires de biens-fonds » (c'est-à-dire, dit-il, d'une « portion quelconque de territoire »), puis « ceux employés ou soldés par l'État », ceux qui « vivent de leur travail, soit mécanique, soit industriel », et il précise, pour ceux-ci : « Il est bien clair qu'on doit comprendre ici les médecins, les hommes de lettres, les hommes de loi, etc. » A la suite de cette énumération, il ajoute : « Il est évident que les manœuvres ou gens de peine (travaillant à la journée ou domestiques) et les mendiants ne sont compris dans aucune de ces divisions, puisqu'on en a fait une classe à part. »

Ce découpage est marqué par l'influence des physiocrates du XVIIIe siècle, qui distinguaient les personnes selon l'origine de leurs revenus : la terre, l'État, le « travail mécanique ou industriel » et tous les autres, « manœuvres ». La troisième catégorie inclut donc tous ceux, maîtres ou compagnons, médecins ou hommes de loi, qui ont en commun d'exercer un métier fondé sur un savoir-faire acquis par un apprentissage, et d'en tirer la spécificité de leur revenu et de leur position. Tous les autres, manœuvres, domestiques ou mendiants, forment une « classe à part ». Dans un tel découpage, la séparation entre maîtres et compagnons (qui basculera dans une distinction entre non-salariés et salariés) n'est pas encore pertinente, non plus que le regroupement d'une « classe ouvrière », qui ne sera pensée comme telle qu'à partir des années 1830, à la suite des insurrections de 1832 à 1834, en incluant les « compagnons » (qui se transformeront en « ouvriers qualifiés ») et les « manœuvres » (qui se transformeront en « ouvriers non qualifiés ») [Sewell, 1983]. En revanche, l'existence d'un groupe spécifique, « ceux employés par l'État », est un trait qui subsistera, malgré des éclipses à certaines époques.

L'organisation en « métiers » est importante car elle façonne une vision du monde social qui constituera toujours un arrière-plan par rapport auquel les découpages suivants se situeront, explicitement ou non. Fondée sur une transmission familiale des savoirs et des patrimoines, la distinction entre maître et compagnon épousera longtemps le modèle père/fils, et ne se transformera que lentement dans la relation patron/salarié dans le droit du travail du XXe siècle. Les théories des classes sociales qui se développent au long du XIXe siècle, en même temps que l'industrie capitaliste, et dont la théorie marxiste est un développement systématique, ignorent radicalement ce modèle de transmission familiale, puisqu'elles se construisent en partie contre lui. Celui-ci resurgira pourtant, à travers par exemple l'apologie qu'en font les conservateurs chrétiens du XIXe siècle disciples de Le Play [Kalaora et Savoye, 1987], ou encore, plus récemment, dans la posture critique du courant sociologique qui, dans les années soixante/soixante-dix, dénonce l'injustice de la reproduction sociale par le biais de la famille. On ne doit donc pas sous-estimer l'importance de cette forme de lien social dans la formation des représentations mentales qui supportent la nomenclature actuelle.

C'est donc une énumération de « professions », conçues sur le modèle des métiers artisanaux et commerciaux de la France ancienne, qui constitue la matière première de la nomenclature utilisée au XIXe siècle. Son principal usage est, dans les recensements de 1866 et 1872 par exemple, un inventaire du « nombre d'individus que chaque profession fait vivre, directement ou indirectement ». Les professions figurent en *lignes* des tableaux de résultats et le nombre total est lui-même ventilé, en *colonnes*, en « individus exerçant réellement les professions, leur famille (parents à tous degrés vivant du travail ou de la fortune des précédents), et domestiques (attachés au service personnel des précédents) ». Enfin, on voit émerger, à partir de 1872, une troisième distinction, croisée avec les précédentes, entre « chefs ou patrons, commis ou employés, ouvriers, journaliers ». Ainsi se combinent trois optiques, dont les deux premières sont clairement liées à la structure familiale des métiers, et la troisième encore proche de l'opposition maître-compagnon. On y observe en particulier que la distinction entre « ouvriers » et « journaliers et hommes de peine » y figure encore en 1872 et 1876. La construction d'une « classe ouvrière » incluant les ouvriers « non qualifiés » (comme on dira plus tard) n'est pas encore évidente.

L'influence de cette structure de métier, d'origine corporative, se manifeste aussi par la lenteur avec laquelle va se dégager la distinction entre ce que les statisticiens d'aujourd'hui appellent « activité individuelle » et « activité collective », ou « profession » et « secteur d'activité », qui constituent maintenant deux nomenclatures bien différentes, puisque l'une classe des personnes et l'autre des entreprises. Or, elles restent confondues jusqu'à la Seconde Guerre mondiale, tant reste forte, par exemple, la confusion « boucher-boucherie », ou « médecin-médecine ». Cela n'implique pas que des divisions internes à l'entreprise, d'abord entre patrons et salariés, puis entre ouvriers et employés n'apparaissent plus tôt, mais elles constituent, on l'a vu, un autre découpage, celui des « situations *dans* la profession ». Le « métier » ou la « profession » restent donc longtemps une unité de type familial et, dans ce schéma, la distinction entre activités « individuelle » et « collective » est presque un anachronisme, non cohérent avec la logique des métiers.

2. La distinction entre patrons et salariés se précise

Les nomenclatures utilisées par les statisticiens d'État reflètent les transformations de l'organisation économique et de la codification de celle-ci, à travers des règles de droit, des lois et des conventions. Tout au long du XIXe siècle, l'industrialisation se développe, et les grandes entreprises capitalistes se substituent en partie à la petite production liée aux métiers artisanaux et commerciaux. Les effets de ces évolutions sur le droit et la loi peuvent, pour ce qui concerne les découpages socioprofessionnels, être centrés sur deux moments : naissance du droit du travail et de la définition bien codifiée du *salariat*, vers la fin du siècle, puis large extension des grilles hiérarchisées *d'emplois qualifiés* définis en termes de formations, entre 1936 et 1950. Les répercussions de ces deux étapes importantes sont directement lisibles dans les tableaux sur les professions présentées par les recensements de population, effectués tous les cinq ans depuis 1831.

La séparation entre patrons et salariés, aujourd'hui clairement établie par toutes sortes de réglementations, était beaucoup moins nette au siècle dernier. Beaucoup de petits producteurs travaillaient par exemple comme sous-traitants. Ils pouvaient être à la fois dépendants de donneurs d'ordre, et employer eux-mêmes des compagnons : c'était souvent le cas, dans la soierie, pour les canuts lyonnais. Ou bien encore, dans le bâtiment, des ouvriers recevaient une tâche et recrutaient eux-mêmes d'autres ouvriers. Ainsi, le recensement de 1872 fait-il apparaître, à l'intérieur de la « situation dans la profession » des patrons, une rubrique des « chefs ouvriers attachés aux arts et métiers », distincts des ouvriers et des journaliers déjà évoqués.

Ces situations vont peu à peu disparaître dans le droit du travail moderne. Cependant, dans la série des recensements de 1896 à 1936, très homogène quant à ses méthodes de codage, subsiste une importante rubrique d'« isolés », fort significative à cet égard. Ceux-ci, distincts tant des patrons que des ouvriers, regroupent aussi bien des tout petits producteurs marchands agricoles, artisanaux ou commerciaux, que des travailleurs à domicile recevant des matières premières et travaillant à la tâche : on sent les commentateurs des recensements fort perplexes pour savoir si ces « isolés » sont plus proches des salariés ou des patrons. Ils constituent près du quart (23 %) de la population active en 1896, et encore 14 % de celle-ci en 1936 (tableau I).

TABLEAU I. — LES GROUPES PROFESSIONNELS EN 1936

Proportion p. 1 000 : 1°) des chefs d'établissement ; 2°) des employés ; 3°) des ouvriers ; 4°) des chômeurs ; 5°) des travailleurs isolés, par rapport à l'ensemble des personnes actives, pour chaque sexe.

Groupes professionnels	1° Les deux sexes					2° Sexe masculin				
	Personnel des établissements			*Employés et ouvriers sans emploi*	*Isolés*	*Personnel des établissements*			*Employés et ouvriers sans emploi*	*Isolés*
	Chefs	*Employés*	*Ouvriers*			*Chefs*	*Employés*	*Ouvriers*		
Pêche	185	7	288	24	496	173	6	284	25	512
Forêts	123	4	505	23	345	110	4	500	24	362
Culture, élevage	622	1	261	6	110	534	1	335	9	121
Mines et minières	1	45	941	13	»	1	42	943	14	»
Carrières	75	23	819	27	56	74	20	821	28	57
Industries mal désignées	1	»	115	834	50	1	»	163	786	50
Industries de l'alimentation	277	117	533	32	41	232	72	602	39	55
Industries chimiques	30	210	747	9	4	36	188	766	5	5
Papier, carton, caoutchouc	28	108	819	32	13	40	111	823	19	7
Industries polygraphiques	82	122	686	63	47	91	95	691	67	56
Industries textiles proprement dites	42	78	766	49	65	61	128	732	49	30
Travail des étoffes, vêtement	124	43	367	52	414	243	105	387	42	223
Travail des pailles, osiers, plumes, crins	207	35	417	39	302	219	34	348	22	377
Cuirs et peaux	113	43	485	54	305	123	33	412	49	383
Industries du bois	153	31	478	82	256	156	23	466	85	270
Métallurgie	2	112	873	13	»	2	102	883	13	»
Travail des métaux ordinaires	87	100	648	72	93	89	82	649	78	102
Travail des métaux fins	119	133	566	76	106	140	98	543	81	136
Pierres précieuses	200	35	458	107	200	211	29	443	93	224
Taille de pierres, moulage	146	34	547	110	163	140	22	555	113	170
Terrassements, construction en pierre	114	52	565	121	148	113	43	571	123	150
Travail des pierres et terres au feu	40	79	832	41	8	47	73	831	39	10
Journaliers et manœuvres (s.a.i.)	»	»	»	431	569	»	»	»	497	503
Manutention (journaliers exclus)	16	70	370	276	268	17	65	415	200	303
Transports	41	194	684	30	51	36	182	695	32	55
Commerces divers	287	323	129	34	227	283	316	180	44	77
Commerces forains, spectacles	320	182	112	18	368	275	176	119	20	410
Banques, assurances, agences	78	725	71	13	113	106	646	89	17	142
Professions libérales :										
Cultes	18	908	45	»	29	6	903	42	»	49
Autres	86	396	146	82	290	121	296	130	83	370
Soins personnels	322	412	»	45	221	323	439	»	45	193
Services domestiques	»	»	914	50	36	»	»	686	36	278
Services publics administratifs (sans l'armée)	»	564	436	»	»	»	438	562	»	»
Services publics industriels	»	167	833	»	»	»	156	844	»	»
Ensemble	292	147	381	48	137	249	150	424	49	128

Source : Recensement de 1936.

Note : Les 5 colonnes relatives au sexe féminin ne sont pas reproduites.

L'existence pendant quarante ans d'une telle catégorie d'« isolés » est révélatrice du lien entre l'évaluation statistique, qui se présente souvent comme reflétant les « faits objectifs », et l'ensemble formé par l'organisation économique, sa codification juridique plus ou moins achevée, l'usage qui en est fait, et les techniques mises en œuvre pour opérer le codage statistique. On peut détailler ici ces quatre aspects, ne serait-ce que pour souligner le contraste avec des situations plus récentes, ou encore avec celles d'autres pays à la même époque, sur le cas de cette « catégorie sociale » aujourd'hui étrange : les isolés.

La persistance de ce groupe reflète celle d'une économie encore peu concentrée dans de grandes usines : le modèle décrit par Marx est encore loin de concerner toute la production. La petite production marchande et le travail à domicile sont des traces non négligeables de ces formes antérieures. La définition claire d'un salariat bien défini juridiquement n'est pas encore étendue à toutes les activités économiques, mais cette zone floue se réduit néanmoins. Les informations sur les professions et les « situations dans la profession » que fournissent les recensements sont surtout destinées à décrire les caractéristiques socioéconomiques de la production et de la main-d'œuvre, plutôt que des statuts sociaux plus ou moins hiérarchisés, comme c'est le cas au même moment dans les pays anglo-saxons [Szreter, 1984]. La technique d'exploitation des recensements résulte de cet usage particulier : les bulletins individuels sont classés et liassés selon *l'adresse* des lieux de travail des personnes, ce qui permet de dresser une statistique d'*établissement*. Les « isolés » correspondent tout simplement au cas où un seul bulletin figure à une adresse.

3. Accords Matignon et classifications Parodi : les emplois qualifiés

La dernière étape conduisant à la nomenclature des CS, utilisée en France depuis le début des années cinquante, est marquée par le fait que la codification ne va pas s'appliquer seulement au salariat, en tant qu'il est nettement distinct d'un « non-salariat ». Elle va concerner aussi des *niveaux* à l'intérieur de celui-ci, hiérarchisés selon des durées et des types de formation. Ce critère commence à intervenir entre 1936 et 1950, et introduit une hiérarchie unidimensionnelle, c'est-à-dire une « mise en ordre » très peu présente dans les taxinomies antérieures.

Celles-ci, on l'a vu, ne distinguaient, parmi les salariés, que les ouvriers et les employés. Parmi les premiers, la distinction entre anciens ouvriers « de métier » et autres ouvriers ne subsistait qu'indirectement puisque, dans les professions elles-mêmes, étaient énumérés d'abord avec un grand détail des intitulés de métiers, parfois archaïques et évocateurs de la France traditionnelle, puis ensuite, en une seule ligne, des « manœuvres, journaliers, hommes de peine... ». Les « employés », pour leur part, incluaient les ingénieurs, techniciens, comptables... et aucun regroupement n'apparaissait évoquant ce groupe aujourd'hui si important dans l'image sociale la plus répandue de la France : les *cadres*.

Le découpage des ouvriers en « ouvriers qualifiés, ouvriers spécialisés, manœuvres » et l'apparition du groupe des cadres sont liés aux mouvements sociaux qui se sont déroulés entre 1936 et 1950, et à l'extension rapide d'un vocabulaire standardisé pour *qualifier* les emplois, aux divers secteurs économiques, à partir du modèle de l'industrie métallurgique.

Pour la première fois en 1936, une négociation nationale réunit autour du président du Conseil issu du Front populaire, Léon Blum, les représentants de la CGT et de la CGPF (Confédération patronale, ancêtre du CNPF), pour discuter des conditions de salaire pour tous les secteurs. Ainsi va se trouver accéléré le mouvement d'unification et de standardisation de la codification du travail salarié, préalable indispensable au travail statistique.

L'industrie métallurgique joue dans ce mouvement un rôle précurseur pour plusieurs raisons. C'est dans la branche automobile que, dès les années dix, ont été introduites (chez Renault) les premières formes de *taylorisation*, c'est-à-dire un mode d'organisation du travail fondé sur une division et une définition très précises des tâches. Ce système instaurait en particulier une séparation nette entre, d'une part, des tâches répétitives, nécessitant très peu de formation et confiées à des ouvriers dits « spécialisés », et, d'autre part, des tâches d'entretien, réparation, contrôle, usinages complexes, etc., incombant à des ouvriers « qualifiés », c'est-à-dire dotés d'un savoir-faire acquis au cours d'une formation assez longue, soit en apprentissage, soit à l'école.

Par ailleurs l'industrie métallurgique avait été particulièrement mobilisée, pendant la guerre de 1914-1918, par les commandes d'État : armement, véhicules, chemins de fer..., ce qui avait accéléré la mise en place des standardisations et des réglementations, car le ministère de l'Armement suivait et encadrait de près ces entreprises, afin d'assurer la régularité et l'efficacité de leurs productions. C'est justement parmi elles que le vocabulaire des grilles de qualifications ouvrières est apparu en premier [Saglio, 1985].

A la suite des accords Matignon de 1936, s'est généralisée une procédure qui existait en principe depuis 1920, mais était peu utilisée : les conventions collectives de branche établies entre patrons et syndicats d'une même activité. C'est au cours des négociations de ces diverses conventions qu'ont été peu à peu élaborés des intitulés standardisés d'emplois et de niveaux de qualification, alors qu'auparavant, ces appellations étaient extrêmement diversifiées selon les régions, les sous-branches et même les entreprises.

Ce mouvement reste cependant, avant la guerre, d'ampleur inégale selon les branches, dans la mesure où les syndicats, ouvriers et surtout patronaux, ne regroupent encore souvent qu'une faible partie des travailleurs ou des patrons. Les petites entreprises, en particulier, restent souvent à l'écart de cette uniformisation des modes de gestion du personnel. La situation évolue, entre 1940 et 1944, avec la mise en place par le régime de Vichy, de « comités d'organisation » chargés de répartir les matières premières rares. A cette occasion, les entreprises sont contraintes de participer à ces travaux pour bénéficier de la répartition. Ces comités vont constituer les embryons de ce qui constituera, après 1945, les fédérations de branche du nouveau CNPF, et les commissions de modernisation du Plan [Volle, 1982].

Après la Libération, la participation des partis de gauche au gouvernement accélère la diffusion de la procédure des conventions collectives. Le ministre du Travail de l'époque, Alexandre Parodi, en officialise les résultats, donnant ainsi une portée générale aux grilles de niveaux d'emplois mises en place dans les diverses branches. Ainsi le découpage des qualifications ouvrières issu, on l'a vu, de la métallurgie des années vingt et trente, s'étend-il largement à d'autres branches, sous le nom de « catégories Parodi ».

Un mouvement comparable se produit pour les salariés non ouvriers, et nous l'examinerons dans le chapitre suivant. A la différence des ouvriers, ceux-ci étaient, avant 1936, très peu organisés : les syndicats ou associations qui auraient pu les représenter avaient peu de membres, et donc peu de poids. Les ingénieurs et autres personnels d'encadrement, en particulier, eurent souvent le sentiment qu'entre 1936 et 1939 les événements du Front populaire et les accords Matignon étaient passés « au-dessus de leurs têtes », et qu'ils s'étaient retrouvés « entre l'arbre et l'écorce » [Boltanski, 1982]. C'est pour cela que se constitua alors une nouvelle organisation syndicale, la « Confédération générale des cadres » (CGC) qui participa dès lors aux grandes négociations.

Toujours dans cette période de l'immédiat après-guerre, d'autres institutions apparaissent, qui vont jouer un rôle important pour fournir des catégories prêtes à l'emploi, quand naîtra, vers 1950, la nomenclature socioprofessionnelle. Ce sont, d'une part, les comités d'entreprise ; d'autre part, le statut de la fonction publique. Les comités d'entreprise, créés en 1945, sont constitués dans chaque firme de plus de 50 salariés, par les dirigeants de celle-ci et par des élus du personnel. Or, les élections de ces délégués se font sur la base de trois *collèges* séparés, représentant trois niveaux du salariat. Ce sont les « ouvriers » (à l'exclusion des contremaîtres), les « employés-techniciens-agents de maîtrise (ETAM) », et enfin les « cadres ». Cette procédure électorale et ces « collèges » contribuent à cristalliser des frontières qui, naguère, pouvaient dans de nombreux cas être floues.

Vers la même époque, un autre important travail de mise en forme institutionnelle est effectué : les statuts des différents personnels travaillant pour l'État sont unifiés dans le cadre d'un « Statut général de la fonction publique », élaboré sous l'égide de Maurice Thorez, alors ministre. Les hiérarchies, précisément définies en termes de formations et de concours anonymes de recrutement, constituent une matrice et un modèle pour le traitement de la partie non ouvrière du salariat dans la nomenclature socioprofessionnelle que les statisticiens vont élaborer peu après.

Ainsi la catégorie A, dont les cas typiques sont les professeurs de l'enseignement secondaire, les ingénieurs ou administrateurs sortant d'une grande école ou d'une université, ou les médecins salariés dans des hôpitaux publics, servira de modèle pour les « cadres supérieurs ». La catégorie B, formée notamment d'instituteurs, infirmières diplômées, contrôleurs des impôts, fournira des prototypes pour les « cadres moyens ». Enfin, les catégories C et D, regroupant les secrétaires, dactylos, employés aux écritures, seront à l'origine du groupe des « employés » dans la nomenclature du recensement de 1954.

La période qui va de 1936 au début des années cinquante se révèle ainsi décisive pour la mise en place des modes de classement des salariés, tant dans le secteur privé (conventions collectives et comités d'entreprise) que dans le secteur public (statut de la fonction publique), en introduisant et codifiant massivement ce qui n'existait qu'assez peu dans les taxinomies professionnelles antérieures : une hiérarchie.

A ce moment, l'idée de *métier* avait déjà une très longue existence, remontant aux corporations, et perpétuée dans des coutumes, des associations puis, à partir de la loi de 1884 les autorisant, dans des syndicats ouvriers ou patronaux (dits souvent « syndicats professionnels »). Par ailleurs, la distinction entre salariés et non-salariés était assez clairement établie depuis le début du XXe siècle. En revanche, une hiérarchie du salariat, fondée sur des critères de niveaux de formation, est une idée neuve, et on voit comment les diverses créations institutionnelles d'après-guerre l'ont mise en forme.

4. Une façon nouvelle de faire des sciences sociales

Ce mouvement de standardisation des emplois salariés, qualifiés et hiérarchisés, va en rencontrer deux autres : d'une part, l'arrivée et le développement en France de travaux de sciences sociales empiriques (démographie, sociologie...) inspirés de projets et de méthodes existant déjà dans les pays anglo-saxons ; d'autre part, la mise en œuvre d'opérations de planification et de prévision à un niveau centralisé (le commissariat général au Plan est créé en 1946), portant notamment sur les emplois.

Avant la Seconde Guerre mondiale, les sciences sociales existaient en France autour de deux pôles qui communiquaient assez peu entre eux, la démographie et la statistique, au sein d'un service administratif ancien de petite taille, la Statistique générale de la France (SGF) ; et la sociologie, brillamment représentée à l'Université par Durkheim et ses principaux élèves, Marcel Mauss, Halbwachs ou Simiand.

C'est au sein de la SGF qu'étaient effectués les recensements quinquennaux (les années en 1 et en 6) dont on a analysé ci-dessus les nomenclatures professionnelles. Des enquêtes y avaient été aussi effectuées, au début du siècle, sur la mortalité ou la fécondité différentielle selon les groupes professionnels, utilisant des nomenclatures analogues à celles des recensements, c'est-à-dire peu hiérarchisées. Le découpage professionnel restait quand même peu utilisé en tant que critère de tri permettant de décrire et d'interpréter des différences de comportements ou de pratiques, en dehors de quelques travaux de démographie.

Parmi les sociologues, si Durkheim lui-même utilise très peu les classes sociales comme outil analytique dans ses travaux, l'un de ses élèves, Maurice Halbwachs, leur consacre une grande partie de ses recherches : sa thèse porte sur « la classe ouvrière et les niveaux de vie » (1910) et il publie en 1938 un petit ouvrage de synthèse sur la « psychologie des classes sociales » [Halbwachs, 1938]. Dans celui-ci, il décrit, de façon littéraire et sans statistiques, les comportements de quatre classes : les paysans, la bourgeoisie et les entrepreneurs, les ouvriers de la grande industrie, les classes moyennes. Parmi ces dernières, il distingue trois fractions (les artisans et petits commerçants, les employés, les petits fonctionnaires) et il est significatif qu'il ne fasse, dans cette analyse, aucune allusion à une « bourgeoisie salariée », en particulier aux *cadres*, dont le groupe, déjà en train de se dessiner en 1938, ne commencera à être clairement perçu de la sociologie académique que dans les années cinquante.

Malgré les efforts d'Halbwachs, la sociologie d'enquête est

très peu développée avant 1939, et la question du tri selon des « milieux sociaux » ne se pose donc pas. Tout change pendant la guerre et immédiatement après. Deux vastes instituts sont créés en 1946, et vont mener de nombreuses enquêtes, études et recherches : l'Institut national de la statistique et des études économiques (INSEE), organisme de statistique administrative, successeur de l'ancienne SGF, et l'Institut national d'études démographiques (INED), dirigé par Alfred Sauvy et qui poursuivit certaines enquêtes engagées par la Fondation française pour l'étude des problèmes humains créée en 1941 par A. Carrel. Au même moment sont fondés aussi, d'une part, le commissariat au Plan, grand demandeur et utilisateur d'études socio-économiques descriptives, et, d'autre part, au sein du CNRS, un centre d'études sociologiques, qui va lui aussi se lancer dans des enquêtes, cependant moins vastes que celles de l'INSEE ou de l'INED [Pollak, 1976].

Enfin, des instituts privés de sondage d'opinion avaient vu le jour, avant et pendant la guerre [Meynaud, Duclos, 1986]. Ils mettent en œuvre des techniques d'enquêtes sur des *échantillons représentatifs*. Ces techniques avaient été imaginées au début du siècle, dans les pays nordiques et anglo-saxons, pour étudier et comparer les conditions de vie des divers groupes sociaux, mais n'avaient jamais été utilisées dans ce but en France même.

5. De l'égalité des droits à l'inégalité des chances

Les méthodes de sondage ont été largement utilisées, après 1945, non seulement pour les études de l'opinion publique ou du marché des produits, mais aussi pour la *mesure des inégalités sociales*. Ce thème, si répandu aujourd'hui, était alors relativement nouveau. Il se trouve à l'intersection de deux façons d'envisager les rapports sociaux qui, auparavant, se rencontraient peu. La première, dérivée de la tradition politique issue des Lumières et de la Révolution française, mettait l'accent sur une visée d'égalité des droits entre les citoyens, fondée sur une commune capacité à contribuer à l'expression de la volonté générale par le vote. La seconde en revanche provenait du fort courant industrialiste et productiviste que les ingénieurs français, férus d'efficacité, incarnaient, depuis Saint-Simon, au début du XIXe siècle. Ces deux modes de pensée n'avaient en France, jusqu'aux années trente, que peu de relations l'un avec l'autre. Une des conséquences de la grande crise de 1929 et des événements de la période de l'Occupation et de la Libération sera qu'ils finiront par se rencontrer et par produire une combinaison, dont les institutions comme le commissariat au Plan, l'INSEE ou la Comptabilité nationale, à partir des années cinquante, seront des expressions.

Le transfert du thème de l'égalité civique qui remonte au XVIIIe siècle, à celui des inégalités socio-économiques *mesurées* à partir d'un découpage selon des milieux socioprofessionnels et au moyen d'outils justifiés par leur efficacité technique (les codages statistiques, les sondages), matérialise ce compromis entre deux façons initialement bien différentes de penser les problèmes de la cité [Boltanski et Thévenot, 1987]. Ainsi la mesure des inégalités sociales, au moyen d'observations et d'enquêtes directes auprès des personnes, destinées à des *comparaisons* à partir de *variables standardisées*, apparaît-elle comme l'épreuve type dans cette construction qui vise à marier démocratie et efficacité.

Mais ce mariage ne va pas de soi, et il est nécessaire de justifier, au nom de l'efficacité, les inégalités constatées. Du coup, la correspondance entre position sociale et niveau scolaire va prendre une importance décisive, et constituer le cœur de l'articulation démocratie-efficacité. C'est par rapport à elle que le système sera décrit, évalué, et éventuellement dénoncé. En effet, une articulation entre, d'une part, une école ouverte à tous dispensant des formations certifiées par des diplômes et, d'autre part, des positions dans les structures de production mises en correspondance avec ces diplômes, vise à être à la fois techniquement efficace et socialement juste. Cela permet en particulier de justifier selon ces deux points de vue la *hiérarchie des salaires*. Cette construction fait la force d'un modèle qui n'était presque jamais formulé avec autant de clarté avant les années quarante, et devient dominant à partir des années cinquante.

C'est cette perspective qui permet de comprendre comment ont été fabriquées et utilisées les nomenclatures socioprofessionnelles après 1950. Cela peut être lu à trois niveaux différents : logique de la construction de l'outil, utilisation pour évaluer l'efficacité du système, dénonciation de son injustice en raison des inégalités de chances liées au milieu familial.

Tout d'abord, et ceci est très nouveau, les groupes et catégories socioprofessionnels, qui sont désormais définis à l'intérieur du salariat selon une hiérarchie explicite, font référence à des qualifications et compétences *en principe* requises pour occuper ces postes [Bourdieu, Boltanski, 1975]. Ce sont donc désormais des *emplois*, caractérisés par ces compétences, qui sont définis et classés dans la nomenclature. Cela vaut par exemple pour les emplois ouvriers, pour lesquels la notion de *qualification* [Dadoy, 1976] va peu à peu glisser de l'ancienne idée de *métier* [Cornu, 1986], acquis par un long apprentissage au contact d'un maître tout à la fois père, patron et formateur, vers celle de niveau standard homologué par un diplôme garanti par l'État.

La persistance d'une diversité de façons d'accéder aux emplois, et donc d'une non-correspondance complète entre les niveaux de formation et ceux des emplois, justifie la présence des « en principe » qui figurent presque toujours dans les définitions d'emplois ou de CS qui font référence à des formations certifiées. Il y a cependant des exceptions : par exemple, l'appartenance au groupe des médecins exige impérativement un doctorat en médecine. Mais, dans la majorité des cas, une telle correspondance n'est pas aussi rigide.

Cela explique que l'un des principaux usages du nouvel outil soit d'éprouver l'efficacité des filières qui mettent en relation les formations et les emplois. Cela peut être fait de deux points de vue : soit en partant des organismes de formation et en vérifiant que les diplômés ont bien obtenu les postes correspondants, soit en examinant si les différents emplois offerts par le système productif sont bien occupés par des personnes ayant les compétences requises. Les tableaux ainsi construits permettent d'évaluer, de prévoir, et éventuellement d'étayer des décisions pour mieux assurer les correspondances entre formations et emplois [Affichard, 1983].

Mais, et cela est le troisième niveau de lecture de l'articulation entre niveau de formation et nomenclature socioprofessionnelle, une telle construction peut être *dénoncée*. En effet, le montage qui rassemble efficacité technique et démocratie suppose que l'école exerce son rôle sur des enfants équivalents, et les sélectionne selon leur performance et leur ardeur au travail au moyen d'examens et de concours anonymes. Ce montage peut être dénoncé s'il apparaît que les enfants ne sont pas initialement équivalents, en raison d'une inégale préparation à l'épreuve scolaire au sein de leur milieu familial. Dans les années soixante, des enquêtes statistiques mettant en œuvre les nomenclatures socioprofessionnelles sont massivement utilisées pour dévoiler cette injustice et montrer que la réussite scolaire des enfants dépend largement du milieu social et de l'environnement culturel offerts par leurs parents.

Il est important d'observer que les thèmes de la démocratisation de l'enseignement et du poids des héritages socioculturels ont pris, dans le débat social, une importance très grande, vers les années cinquante et soixante, alors qu'ils existaient peu dans les époques antérieures. Ainsi, on insistait plus, naguère, sur l'importance de l'école pour la formation du citoyen. On craignait aussi parfois les effets néfastes de scolarités ou d'ascensions sociales qui, en éloignant du milieu d'enfance, risquaient de produire des individus aigris, parce que coupés à la fois de leurs origines et de leur nouveau milieu. Ce thème de l'inégalité des chances, aujourd'hui si développé, repose sur une tentative d'articulation entre justice et efficacité qui n'a pas toujours connu cette forme.

6. La nomenclature de 1954 intègre les moments historiques antérieurs

A partir de l'immédiat après-guerre, les enquêtes portant sur un grand nombre d'aspects de la vie sociale et utilisant les nouvelles méthodes de sondage se multiplient rapidement, tant dans des organismes publics (INSEE, INED, CNRS) que privés (instituts de sondage). Mais ce mouvement n'est pas du tout propre à la France, et est en partie inspiré de travaux déjà menés dans les pays anglo-saxons. En revanche, une particularité souvent notée des études effectuées en France est que, beaucoup plus qu'ailleurs, elles utilisent, pour trier et interpréter leurs résultats, la nomenclature des CSP élaborée par l'INSEE pour le recensement de 1954 [Porte, 1961]. Celle-ci va ainsi devenir, pendant une trentaine d'années, et à quelques légères modifications près, la grille d'analyse mise en œuvre systématiquement dans presque toutes les enquêtes menées en France, par l'administration, par la recherche universitaire, ou par les bureaux d'études privés. Cette situation est très particulière et a peu d'équivalent dans les autres pays industrialisés.

C'est dans l'histoire brièvement évoquée ci-dessus qu'on peut trouver des éléments pour expliquer cette singularité. Sous des formes certes très variables selon les époques, les groupes professionnels, puis les diverses hiérarchisations statutaires ont constitué de robustes moyens d'identification des personnes. De ce point de vue, l'abolition des corporations en 1791 n'a pas empêché que se maintiennent de fortes traditions de solidarités, et des coutumes partagées par les membres d'un même métier. La définition du statut juridique du salariat a pris ensuite le relais de la distinction déjà bien marquée entre maîtres et compagnons, tout en la transformant profondément. Le découpage entre niveaux de qualifications ouvrières, entre cadres et non-cadres, ou à l'intérieur des hiérarchies de la fonction publique, est venu compléter, sans les effacer, ces taxinomies anciennes. Or, à presque toutes les étapes de ce processus, l'État a, d'une façon ou d'une autre, contribué à assurer la robustesse de ces classements : par les grandes écoles ou universités garantissant les diplômes, sur toute la période ; par le droit du travail définissant l'activité salariée, à la fin du XIXe siècle ; par les lois sur les conventions collectives et la reconnaissance officielle des classifications qui en résultent ; par la loi sur les comités d'entreprise instaurant les trois collèges électoraux ; par le statut de la fonction publique ; par la définition légale des cadres (mise en œuvre dans un régime particulier de retraites), de l'artisanat, de la médecine, etc.

L'accumulation de ces strates historiques successives et la garantie souvent apportée par l'État à ces découpages ont conféré à la nomenclature de l'INSEE de 1954 à la fois sa physionomie, sa stabilité et son acceptation par des institutions par ailleurs fort différentes, qu'on rencontre rarement ailleurs. La complexité de cette genèse explique aussi un trait

Tableau II. — L'ancienne nomenclature des CSP (1982)

CSP	Individus		Ménages classés selon la CS du chef	
	Nombre (en milliers)	*‰ de la population active* [1]	*Nombre (en milliers)*	*‰ du total des ménages* [1]
0. AGRICULTEURS EXPLOITANTS	1 448	62	800	41
00. Agriculteurs exploitants				
1. SALARIÉS AGRICOLES	304	13	175	9
10. Salariés agricoles				
2. PATRONS DE L'INDUSTRIE ET DU COMMERCE	1 737	74	1 156	59
21. Industriels	71	3	60	3
22. Artisans	573	24	464	24
23. Patrons pêcheurs	13	1	11	1
26. Gros commerçants	210	9	146	7
27. Petits commerçants	870	37	474	24
3. PROFESSIONS LIBÉRALES ET CADRES SUPÉRIEURS	1 810	77	1 409	72
30. Professions libérales	220	9	171	9
32. Professeurs, professions littéraires et scientifiques	479	20	292	15
33. Ingénieurs	347	15	319	16
34. Cadres administratifs supérieurs	764	32	627	32
4. CADRES MOYENS	3 254	138	1 872	95
41. Instituteurs, professions intellectuelles diverses	828	35	382	19
42. Services médicaux et sociaux	432	18	170	9
43. Techniciens	923	39	728	37
44. Cadres administratifs moyens	1 071	46	592	30
5. EMPLOYÉS	4 677	199	1 882	96
51. Employés de bureau	3 746	159	1 498	76
53. Employés de commerce	931	40	383	20
6. OUVRIERS	8 266	351	5 102	261
60. Contremaîtres	464	20	426	22
61. Ouvriers qualifiés	3 292	140	2 336	119
63. Ouvriers spécialisés	2 605	111	1 603	82
65. Mineurs	49	2	40	2
66. Marins et pêcheurs	33	1	25	1
67. Apprentis ouvriers	124	5	4	e
68. Manœuvres	1 699	72	668	34
7. PERSONNELS DE SERVICE	1 531	65	509	26
70. Gens de maison	214	9	43	2
71. Femmes de ménage	112	5	22	1
72. Autres personnels de service	1 205	51	444	23
8. AUTRES CATÉGORIES	498	21	370	19
80. Artistes	74	3	49	3
81. Clergé	61	3	22	1
82. Armée et police	363	15	299	15
POPULATION ACTIVE	23 525	1 000	13 273	678
POPULATION INACTIVE	30 748		6 317	322
d'âge ≥15 ans	19 515		6 317	322
d'âge <15 ans	11 233		0	0
POPULATION TOTALE	*54 273*		*19 590*	*1 000*

1. En raison des arrondis, les totaux ne correspondent pas nécessairement à la somme exacte des éléments qui y concourent ; e signifie inférieur à 0,5 millième.

Tableau III. — La nouvelle nomenclature des PCS (1982)

PCS	Individus Nombre (en milliers)	Individus ‰ de la population active[1]	Ménages classés selon la CS du chef Nombre (en milliers)	Ménages classés selon la CS du chef ‰ du total des ménages[1]
1. AGRICULTEURS EXPLOITANTS	1 475	63	817	42
11. Agriculteurs sur petite exploitation	690	29	390	20
12. Agriculteurs sur moyenne exploitation	450	19	247	14
13. Agriculteurs sur grande exploitation	335	14	179	9
2. ARTISANS, COMMERÇANTS ET CHEFS D'ENTREPRISE	1 835	78	1 243	64
21. Artisans	904	38	669	34
22. Commerçants	797	34	460	23
23. Chefs d'entreprise de 10 salariés ou plus	134	6	113	6
3. CADRES ET PROFESSIONS INTELLECTUELLES SUPÉRIEURES	1 895	81	1 513	77
31. Professions libérales	239	10	182	20
33. Cadres de la fonction publique	244	10	197	10
34. Professeurs, professions scientifiques	353	15	227	12
35. Professions de l'information, des arts et des spectacles	117	5	78	4
37. Cadres administratifs et commerciaux d'entreprise	559	24	473	24
38. Ingénieurs et cadres techniques d'entreprise	383	16	356	18
4. PROFESSIONS INTERMÉDIAIRES	3 971	169	2 534	130
42. Instituteurs et assimilés	777	33	347	18
43. Professions intermédiaires de la santé et du travail social	613	26	256	13
44. Clergé, religieux	59	3	21	1
45. Professions intermédiaires administratives de la fonction publique	278	12	172	9
46. Professions intermédiaires administratives et commerciales des entreprises	995	42	646	33
47. Techniciens	678	29	564	29
48. Contremaîtres, agents de maîtrise	571	24	528	27
5. EMPLOYÉS	6 247	265	2 219	113
52. Employés civils et agents de service de la fonction publique	1 703	72	642	33
53. Policiers et militaires	380	16	305	16
54. Employés administratifs d'entreprise	2 532	108	819	42
55. Employés de commerce	742	32	208	11
56. Personnels des services directs aux particuliers	890	38	245	13
6. OUVRIERS	7 749	329	4 921	251
62. Ouvriers qualifiés de type industriel	1 602	68	1 232	63
63. Ouvriers qualifiés de type artisanal	1 509	64	1 059	54
64. Chauffeurs	567	24	491	25
65. Ouvriers qualifiés de la manutention, du magasinage et du transport	417	18	327	17
67. Ouvriers non qualifiés de type industriel	2 353	100	1 172	60
68. Ouvriers non qualifiés de type artisanal	1 007	43	473	24
69. Ouvriers agricoles	294	12	168	9
81. CHÔMEURS N'AYANT JAMAIS TRAVAILLÉ	353	15	26	1
POPULATION ACTIVE	23 525	1 000	13 273	678
POPULATION INACTIVE	30 748		6 317	322
71. Anciens agriculteurs	1 346		726	37
72. Anciens artisans, commerçants, chefs d'entreprises	755		491	25
74. Anciens cadres	344		282	14
75. Anciennes professions intermédiaires	722		502	26
77. Anciens employés	1 976		1 273	64
78. Anciens ouvriers	2 294		1 651	84
83. Militaires du contingent	251		13	1
84. Élèves, étudiants de plus de 15 ans	4 278		195	10
85. Autres inactifs entre 15 et 60 ans	5 572		584	30
86. Autres inactifs de plus de 60 ans	1 978		600	31
Enfants de moins de 15 ans	11 233		0	0
POPULATION TOTALE	*54 273*		*19 590*	*1 000*

1. En raison des arrondis, les totaux ne correspondent pas nécessairement à la somme exacte des éléments qui y concourent ; e signifie inférieur à 0,5 millième.

qui distingue la nomenclature française de certaines de ses homologues d'autres pays : elle n'est pas complètement hiérarchisée et unidimensionnelle, et se prête donc bien à des analyses exhibant des représentations du monde social moins simples que l'échelle ordonnée que présentent parfois les études anglaises ou américaines.

La nomenclature de 1954 est structurée en deux niveaux : neuf *groupes* socioprofessionnels sont eux-mêmes subdivisés en *catégories* (une trentaine). Le découpage en groupes combine l'opposition entre non-salariés et salariés avec la hiérarchie statutaire du salariat. Les six groupes essentiels sont les agriculteurs, les patrons de l'industrie et du commerce, les cadres supérieurs et professions libérales, les cadres moyens, les employés, les ouvriers. Il s'y rajoute trois autres groupes, que les statisticiens de l'époque n'ont pas voulu rattacher aux six précédents : les salariés agricoles, les personnels de service et un ensemble formé des artistes, du clergé, de l'armée et de la police.

On ne peut donc utiliser d'emblée les six groupes de base dans une perspective hiérarchique, puisque les divers clivages qui les séparent sont de natures très différentes. Cela est également net pour les découpages en *catégories*, à l'intérieur de ces groupes. Pour les cadres supérieurs, ils délimitent, d'une part, des groupes professionnels dont une longue histoire a bien marqué les traits : professeurs, ingénieurs, professions libérales (médecins, avocats) et, d'autre part, des « cadres administratifs supérieurs » construits par équivalence avec les précédents, mais sans que leur consistance sociale soit aussi nette que celles des trois premières catégories. Cette dernière catégorie est elle-même subdivisée entre « secteur public » et « secteur privé », mais cette distinction disparaîtra provisoirement entre 1962 et 1975, pour ne réapparaître, sous une forme un peu différente, qu'en 1982.

Les cadres moyens présentent en 1954 un découpage en catégories du même type, avec la même distinction entre public et privé, sans toutefois comporter de catégorie particulière pour les « services médicaux et sociaux » qui n'apparaîtront qu'en 1962, signe de l'importance nouvelle alors acquise par les diverses professions paramédicales et sociales. Le découpage du groupe des ouvriers reflète fidèlement les classifications Parodi, avec des définitions à peu près identiques à celles des textes des conventions collectives.

A l'exception des légères modifications, déjà mentionnées, apportées en 1962, cette nomenclature sera utilisée telle quelle pour les quatre recensements de 1954, 1962, 1968 et 1975 (tableau II) et pour les nombreuses enquêtes effectuées pendant près de trente ans. C'est seulement à l'occasion du recensement de 1982 qu'une réorganisation de la nomenclature et de certaines de ses composantes est entreprise, conduisant à la version actuelle (tableau III), dite des « professions et catégories socioprofessionnelles » (PCS) [Desrosières, Goy, Thévenot, 1983]. Elle ne diffère cependant pas de la précédente par son architecture d'ensemble et sera présentée plus en détail dans le chapitre IV de cet ouvrage.

7. Codification sociale et codage statistique

L'histoire brièvement résumée ici a une forte incidence sur les diverses phases de l'enregistrement des données. La description et l'enseignement des méthodes statistiques privilégient en général, parmi celles-ci, le travail sur les nombres : comptages, traitements mathématiques, interprétations [Boltanski, 1970 ; Bourdieu, Chamboredon, Passeron, 1973]. Cela risque de laisser dans l'ombre les activités préalables essentielles qui en assurent la base : le statisticien range des objets dans des classes, en décidant de les mettre en *équivalence* à l'intérieur de celles-ci, afin d'examiner ensuite les liens éventuels entre divers codages, sous forme de tableaux croisés, de corrélations, de régressions, etc.

Ces opérations préalables se décomposent elles-mêmes en trois phases distinctes : le questionnement, la définition des classes, ou *taxinomie*, et enfin la mise en œuvre de celle-ci par affectation des objets à l'une ou l'autre des classes, ou *codage*. Or, les évolutions historiques, et en particulier le passage de la notion de métier à celle d'emploi qualifié, ont, dans une large mesure, transformé la signification de ces phases. En effet, deux situations bien différentes se présentent, selon que préexiste ou non une forme de codification réglementaire ou administrative, antérieure au codage statistique. On a vu comment le droit du travail, clarifiant la définition du salariat, a contribué à réduire l'incertitude que suscitait la catégorie des « isolés », entre 1896 et 1936. De même, les classifications ouvrières des conventions collectives et les lois mettant en place les régimes de protection sociale des cadres (retraites, Sécurité sociale) ont façonné les définitions de ces diverses catégories incluses dans la nomenclature de 1954.

Mais il ne faudrait pas croire que ces codifications sociales préalables au travail statistique règlent complètement toutes les situations, tant pour la taxinomie que pour le codage. Elles en dessinent les lignes de force qui laissent néanmoins une large part à la décision au cas par cas. Cela vaut, par exemple, pour l'attribution de telle ou telle déclaration de profession dans une catégorie, au moment de la construction de la nomenclature. Cela vaut encore plus, lors du codage dans les ateliers de chiffrement, pour les cas, assez fréquents, qui n'ont pas été prévus dans les consignes d'utilisation de la nomenclature. Dans les cas où n'existent pas ces préclassements inscrits dans des *critères*, le taxinomiste ou le codeur (en général, une codeuse) procèdent par assimilation, c'est-à-dire par ressemblance avec des cas souvent rencontrés et jugés *typiques*. Nous reviendrons en détail, dans les chapitres II et III, sur ces modalités pratiques du classement.

La tendance générale a cependant été, au cours des trente dernières années, d'intégrer de plus en plus les classements liés à la gestion même de la main-d'œuvre, c'est-à-dire les classifications des conventions collectives, en s'en inspirant dès la rédaction des questionnaires des recensements et des enquêtes. On en donnera ici deux exemples, portant sur la *qualification ouvrière* et sur les *cadres*.

En 1954 , le questionnaire du recensement ne comportait qu'une question *ouverte* sur la profession : « Quelle est votre profession ? » Du coup les intitulés de métiers ouvriers les plus fréquents avaient été ventilés selon le découpage « ouvriers qualifiés, ouvriers spécialisés, manœuvres » des catégories Parodi, sans que l'on sache si cela correspondait au niveau de qualification servant à déterminer leur salaire. Pour les recensements suivants, de 1962, 1968 et 1975, la méthode fut changée, et une question *fermée* fut rajoutée, avec une énumération explicite des divers niveaux, la personne enquêtée devant cocher l'un d'entre eux. L'hypothèse était ainsi faite que cette classification était suffisamment passée dans les mœurs pour que les ouvriers la connaissent bien et puissent répondre. Mais cela n'était que très inégalement vrai : si les entreprises de la métallurgie et la plupart des grandes firmes utilisaient depuis longtemps de tels outils de gestion de la main-d'œuvre, il n'en était pas de même dans d'autres secteurs comme l'alimentation, l'habillement ou les transports [Cézard, 1979].

Ainsi, on le voit, le recensement de 1954, d'une part, et les trois suivants, de l'autre, ont utilisé des méthodes bien différentes pour évaluer les parts des ouvriers qualifiés et non qualifiés au sein de la classe ouvrière. Cela n'a pas manqué de susciter maints débats, dans la mesure où l'évolution sur une longue période de la qualification ouvrière a été, dans les années soixante et soixante-dix, l'objet de vives controverses [CEREQ, 1973]. Sans ressusciter celles-ci, remarquons seulement que le changement de techniques de chiffrement était en partie l'effet des changements des modes de gestion et de codification de la main-d'œuvre. Dans ces conditions, une comparaison chiffrée des taux de qualification entre deux époques est, de toute façon, trompeuse puisqu'elle masque le fait que le mot « qualification » a en partie changé de sens.

Pour les emplois salariés *non ouvriers* (employés, techniciens, cadres...), en revanche, le questionnaire du recensement ne comportait que la question ouverte jusqu'en 1975. Ces emplois étaient déjà classés à travers les CS selon des techniques d'assimilation à des cas typiques qui correspondaient eux-mêmes en général à des professions clairement délimitées (ingénieurs, médecins, infirmières diplômées, professeurs, instituteurs).

Ce n'est qu'en 1982, à l'occasion de la refonte de la nomenclature, que la logique des emplois qualifiés, standardisés dans les grilles des conventions collectives, fut étendue, dans la question fermée, à toute l'échelle du salariat, depuis les cadres jusqu'aux manœuvres. Il en a résulté, pour les délimitations des catégories non ouvrières (et en particulier celle des cadres) une modification analogue à celle décrite ci-dessus pour la limite entre ouvriers qualifiés et non qualifiés.

Ces modifications ne suffisent pas, bien entendu, à rendre complètement automatique le classement des personnes dans des séries de classifications qui enchaîneraient parfaitement niveaux de formation, grille des qualifications salariales et codage statistique. On ne saurait en particulier comprendre les processus qui conduisent, d'une part, le taxinomiste à construire ses regroupements et, d'autre part, le codeur à attribuer tel ou tel chiffrement de profession à un bulletin du recensement, sans analyser au préalable les mécanismes sociaux à travers lesquels se forment les représentations des groupes professionnels, en prenant ce mot dans ses diverses acceptions. Ce sont de tels mécanismes qui permettent aux personnes impliquées dans la chaîne de chiffrement de mémoriser des cas typiques, et donc de s'en servir pour des interprétations.

Les dangers des comparaisons internationales hâtives

L'émergence d'un groupe, les « cadres », est d'autant plus frappante qu'elle ne se produit pas de la même façon dans les pays anglo-saxons ou en Allemagne, par exemple. Dans les premiers, la séparation entre salariés et non-salariés semble moins importante et, du coup, c'est une opposition entre *professionals* et *managers* qui est mise en avant. Le premier groupe comprend aussi bien des professions libérales (médecins, avocats) [Freidson, 1983] que des salariés définis par leurs compétences techniques (ingénieurs), tandis que le second inclut les dirigeants d'entreprise.

En Allemagne, la mise en place des systèmes de protection sociale a également conduit à l'émergence d'un groupe social assez clairement défini, les *angestellte* (« employés »), mais à une époque différente. C'est en effet dans les années 1880 que Bismarck mit en place des « assurances sociales » auxquelles les syndicats participaient, et les salariés non manuels ne voulurent pas s'associer aux syndicats ouvriers dominés par les socialistes [Kocka, 1981]. Ce groupe, nettement plus étendu que nos « cadres », garde une grande importance dans la représentation de la structure sociale allemande.

On voit sur ces exemples à quel point les *comparaisons internationales*, fréquemment effectuées à l'aide de tableaux statistiques, mettent artificiellement en relation des objets qui n'ont pas subi le travail social d'unification et de mise en équivalence évoqué ci-dessus. Ainsi, le mot « cadre » est intraduisible en anglais ou en allemand, tandis que le mot anglais *professionnal* n'a pas d'équivalent exact en français : seul un examen historique de la genèse des nomenclatures socioprofessionnelles des divers pays permet de comprendre ces différences et d'éviter des comparaison hâtives et imprudentes [Anderson Conk, 1978 ; Szreter, 1984].

II / Représentation statistique et représentation politique des groupes professionnels

1. La catégorisation sociale : une opération statistique, politique et cognitive

Le premier chapitre a montré, en retraçant l'histoire des classifications socioprofessionnelles, que l'on pouvait mettre en évidence, au-delà de la modification des noms des catégories, des changements profonds dans le type même de découpage visé. Dans cette chronologie, nous avons rendu compte d'une succession de stades dont chacun était caractérisé par un type de découpage principal lié à un mode de représentation de la société, tout en observant que l'instrument de classement que nous connaissons aujourd'hui mettait en jeu plusieurs de ces types de classement. Par ailleurs, nous avons souligné les relations entre les modalités du classement administratif et statistique des occupations (nous utiliserons ce terme quand n'est pas spécifié le mode de définition qui en fait des « métiers », des « professions », des « emplois », etc.) et les mises en forme préalables, les règlements et les conventions qui établissent la validité d'un nom d'occupation ou d'un critère de délimitation.

Cette façon d'aborder les CS va nous permettre à la fois de les rattacher à des principes fondamentaux de constitution d'un ordre social, tout en restant au plus près de la construction de cet instrument, de son usage, et plus généralement des opérations quotidiennes par lesquelles chacun de nous repère des milieux sociaux. C'est pour maintenir ces deux exigences, souvent opposées suivant la division macro/microsocial, que nous éviterons de glisser vers des considérations générales sur les classes sociales qui n'auraient plus qu'un lointain rapport avec l'instrument présenté ici, et que nous préférerons faire reposer notre analyse sur un large ensemble de travaux empiriques réalisés autour de cet instrument.

Après la perspective historique du chapitre I, qui introduit à la nomenclature d'aujourd'hui en en suggérant la généalogie, nous allons entrer maintenant dans le détail de son fonctionnement. Nous serons donc amenés à rapprocher des études techniques sur les dysfonctionnements de la chaîne de traitement statistique, des observations sur l'usage patronal des grilles de classement, des travaux sur la formation d'un nouveau groupe social, ou encore des recherches expérimentales sur les procédures ordinaires de repérage du milieu social.

Les raisons de ces rapprochements inhabituels sont sans doute plus faciles à comprendre si l'on s'arrête un instant sur la notion de *représentation*. Toute catégorisation sociale engage en effet trois façons distinctes d'envisager cette notion. Il peut être fait référence à une représentation scientifique et technique, au sens de la représentativité statistique, permettant de fabriquer une réduction simplifiée et des images miniatures (tableaux et graphiques) de la société. Mais une représentation politique est également en cause, celle des partenaires sociaux représentant à une table de négociation, ou dans une instance de concertation, divers groupes professionnels dont ils sont les mandataires. Enfin, une représentation cognitive des catégories est impliquée par la mise en œuvre et l'interprétation des CS, une image mentale qui sert aussi quotidiennement à chacun d'entre nous pour s'identifier et identifier les personnes avec lesquelles il entre en relation. Toute utilisation ou tout commentaire autour des CS nécessitent d'être attentif à cette distinction entre trois usages possibles du terme « représentation ».

Le problème soulevé ne se limite cependant pas à une ambiguïté de vocabulaire. Les trois significations de « représenter » renvoient à trois opérations différentes qui ont toutes en commun de *mettre en équivalence* des personnes et qui, par là, ne sont pas sans rapport. Ce rapport doit être éclairci pour comprendre la constitution des CS, et cet éclaircissement peut nourrir une réflexion plus générale sur les relations qu'entretiennent les registres scientifique, politique et cognitif. L'examen attentif de la chaîne de production des CS conduit en effet à prendre conscience de l'articulation étroite entre ces trois registres qui ne sont pas couramment traités ensemble.

Il s'agit d'expliquer les relations entre trois types d'objets d'étude qui relèvent couramment de genres d'explication et même de disciplines tout à fait différentes : des procédures et des instruments strictement techniques, dont l'explicitation relève souvent du domaine réservé du statisticien ou du technicien ; un travail politique impliquant des porte-parole et destiné à forger une identité collective qui est traitée, en sociologie et science politique, en termes de groupe d'intérêt ; enfin, des opérations engageant des processus mentaux qui sont du ressort du psychologue. C'est pour éclairer ces relations entre différentes formes de représentation que nous serons amenés, dans les chapitres II et III, à réunir des observations systématiques sur le fonctionnement de la chaîne statistique, des observations sur les actions engagées par les représentants professionnels, et des travaux empiriques s'apparentant à la psychologie sociale qui offrent une base solide pour décrire la pratique de classement et les opérations cognitives de représentation et d'interprétation.

Réservant au prochain chapitre l'examen des représentations cognitives sur lesquelles reposent la mise en œuvre des CS et, plus généralement, l'appréciation ordinaire du milieu social, nous aborderons ici le lien entre la représentation statistique des groupes sociaux et la représentation politique des intérêts professionnels. Nous prendons souvent comme exemple le groupe des cadres, en raison des travaux qui lui ont été consacrés et qui permettent de mettre en évidence, sur ce cas, les relations entre le travail social et politique de construction d'une identité collective, la mise en équivalence des personnes qu'établit la nomenclature, et les images mentales de cette catégorie. Nous nous appuierons ensuite sur l'exemple des débats ayant engagé les représentants des professions de santé, lors de la mise au point de la nouvelle nomenclature, pour indiquer les différents modes de construction d'une identité professionnelle confrontés en cette occasion, qui permettent de comprendre les compromis inscrits dans la nomenclature.

2. Représenter

Partons d'un exemple simple pour illustrer à la fois les différentes opérations de représentation impliquées dans le classement socioprofessionnel, et leurs relations respectives. Sur un questionnaire du recensement, une personne a indiqué qu'elle était salariée et répondu, à la question ouverte sur la profession, « pharmacienne ». Cela constitue l'information de base pour chiffrer la profession et la CS, l'input introduit dans la chaîne de codification. Pourtant, le code résultant du fonctionnement de toute cette chaîne, l'output, correspond à la rubrique « employé de commerce » (ancienne nomenclature), alors qu'une rubrique spécifique est consacrée aux pharmaciens. Comment expliquer une erreur aussi grossière ? Interrogée à ce sujet, la codeuse qui a opté pour ce classement explique qu'elle a été intriguée en remarquant que la personne enquêtée avait répondu « BEPC » à la question sur le diplôme le plus élevé possédé. Étonnée du niveau de ce diplôme au regard de ce qu'elle sait de la profession de pharmacien, la codeuse a observé que cette personne était une femme et, feuilletant les autres bulletins du même « ménage », elle a constaté que cette femme était l'épouse d'un pharmacien non salarié pourvu d'un diplôme d'études supérieures. C'est l'unité domestique du « ménage », enregistrée dans un bulletin d'origine plus ancienne (1856) que celle du bulletin individuel (1876) [Desrosières, 1987, p. 17], qui a donc permis à la codeuse de mobiliser une information supplémentaire. Elle en a conclu : « Oui, c'est la femme du pharmacien qui donne un coup de main à son mari, à l'officine ; je la classe employée de commerce. »

Une des conditions pour que, finalement, la représentation statistique de la CSP pharmacien ne comprenne pas le cas précédent est le travail de représentation politique des porte-parole de la profession qui a conduit à l'établissement d'une relation générale entre un intitulé d'occupation et un niveau d'études (dans ce cas la relation est même juridiquement instituée dans le Code de la santé). Dans sa propre représentation de l'identité de pharmacien, qui repose sur un savoir ordinaire, la codeuse a intégré cette connection avec le diplôme. Son interprétation du cas précédent assure pratiquement le maintien de cette connection qui, soulignons-le, n'est pas prescrite dans la nomenclature. Le taxinomiste est en effet très réservé sur tout ce qui pourrait mettre en péril l'indépendance de la codification des deux variables « CSP » et « niveau de diplôme ». Ce sont des cas tout à fait exceptionnels, dans lesquels la prise en compte d'une autre variable indépendante, comme le sexe, est explicitement prévue dans la nomenclature. Ainsi, les appellations « boulangère » ou « bouchère » ne sont pas classées dans les mêmes rubriques que les appellations « boulanger » ou « boucher ».

La codeuse a procédé à ce que l'on désigne par le terme imagé de « redressement » en technique statistique [Thévenot, 1979], c'est-à-dire l'opération, parfois informatisée, consistant à modifier, au vu d'une information supplémentaire, la codification normale d'une réponse. L'exemple de la pharmacienne est simple parce que le redressement qu'opère la codeuse est justifié à partir d'une équivalence entre une appellation de profession et un diplôme qui est fondée en droit. Mais les exemples sont nombreux où l'interprétation repose sur des associations qui ne sont pas ainsi consolidées par le droit, notamment lorsqu'il faut interpréter une appellation d'occupation vague ou faiblement contrôlée. Notons ici, avant d'y revenir plus en détail dans le prochain chapitre, que cette interprétation de la codeuse est très semblable aux procédures cognitives que suit chacun d'entre nous, avec plus ou moins de bonheur, pour « situer » une personne rencontrée dans la vie ordinaire, au cours d'un voyage ou lors de l'achat d'une voiture d'occasion, en prenant appui sur des indices très divers. Bien que l'interprétation personnalisée de la chiffreuse tende à être d'une autre nature que la méthode formelle et standardisée inscrite dans la nomenclature et dans les instructions qui l'accompagnent, les chiffreurs (qui sont le plus souvent des chiffreuses) façonnent des outils intermédiaires qui favorisent le passage d'une forme de savoir à une autre. Ainsi, dans les ateliers de chiffrement décentralisés, des listes manuscrites de cas non prévus dans la consigne et traités localement circulent entre les chiffreuses, espèces de *coutumier* établies au niveau de l'atelier et destinées à traiter de manière relativement standardisée des cas particuliers (qui peuvent d'ailleurs exiger un savoir régional), et à constituer une sorte d'extension souple et locale de la consigne [Thévenot, 1983a]. Dans la formation de cette jurisprudence, l'ancienneté des agents contribue grandement à garantir l'autorité nécessaire pour régler ces cas échappant à la règle.

Il ne faut pas oublier, dans cet enchaînement de représentations, celle de la personne enquêtée elle-même. Dans le cas précédent, la personne qui a rempli le questionnaire a manifesté par sa réponse qu'elle considérait que son occupation n'était pas si différente de celle de son mari, qu'elle relevait d'un même ensemble. Une telle assimilation pourrait, pour d'autres occupations, être justifiée à partir d'une expérience professionnelle acquise sur le tas, ou par la participation à une même unité domestique plus générale, un commerce ou un artisanat. Ici, elle entre en conflit avec la représentation à laquelle se réfère la codeuse qui est, elle, ajustée aux formes juridiques encadrant l'exercice de la profession de pharmacien.

Plus généralement, le dispositif d'interrogation lui-même a une influence sensible sur la forme des réponses concernant l'occupation qui, nécessairement, devront s'y ajuster. Or, ce dispositif est très variable selon les enquêtes. Sans parler de l'interrogation la plus familière, dans le cours d'une conversation où l'on fait connaissance, le questionnaire peut être soumis par un enquêteur qui vient, à domicile, visiter le même ménage plusieurs années de suite (comme dans l'enquête « Emploi » de l'INSEE), ce qui facilite un accommodement domestique du questionnement. Mais il peut à l'inverse être administratif et officiel, dépourvu de la médiation d'un enquêteur, le cas extrême de ce mode d'interrogation étant le recensement (les formulaires administratifs relèvent de cette catégorie, comme ceux d'inscription à l'Université [Merllié, 1982]). Enfin, il peut être encore tout autre lorsque, s'adressant directement à des entreprises qui répondent pour leurs salariés, il suppose une adaptation aux formes industrielles de classification pertinentes dans l'entreprise (comme dans l'enquête « Structure des emplois » pour laquelle des guides d'utilisation de la PCS ont été réalisés : INSEE, ministère des Affaires sociales, 1983).

Ainsi, la chaîne qui produit le classement socioprofessionnel comprend à la fois : *1)* des assimilations et interprétations faites par la personne interrogée ; *2)* des étiquetages construisant des équivalences entre des appellations d'occupation (inscrits dans des conventions collectives, dans des intitulés de syndicats professionnels, ou simplement dans l'usage) ; *3)* des instructions réglementaires (inscrites dans des manuels d'utilisation de la nomenclature) ; *4)* des interprétations opérées par les codeurs et codeuses professionnels ; *5)* des rouages strictement techniques (inscrits dans des équipements informatiques). Et comme le suggérait déjà l'exemple précédent de la pharmacienne, on peut trouver, dans ce qu'on traite d'ordinaire comme incertitudes ou erreurs de la chaîne de codification, des informations précieuses sur son fonctionnement.

3. La matière première du classement : des noms d'occupation

Dans cette perspective, nous ferons d'abord état de travaux ayant porté sur la variation des déclarations d'une même personne (interrogée à quelque temps d'intervalle) concernant son occupation, et sur leurs codifications respectives (sur un échantillon de 17 000 personnes [Thévenot, 1981]). Deux types de flottement sont donc possibles, d'une part dans la façon dont les titulaires s'identifient et répondent au questionnaire et, d'autre part, dans l'opération de classement. Chacune de ces sources d'incertitude dans la production statistique dépend de la consolidation relative des occupations, qui peut faire défaut, faute du marquage par un nom de métier, par une appellation contrôlée de profession, ou par une qualification. Les flottements sont d'autant plus probables que la construction politique d'une représentation professionnelle est plus faible et ne permet donc pas à la personne enquêtée et au codeur d'identifier automatiquement la situation.

Mais ces deux phénomènes ne vont pas pour autant nécessairement de pair. La comparaison entre deux occupations du secteur de santé éclairera ce point. Dans la rubrique « Aide infirmier, infirmier non diplômé et assimilés » (de la nomenclature de 1975 : INSEE, 1975a, 1975b), la *variation des déclarations* d'une source à l'autre (rappelons qu'il s'agit d'une même personne dont on s'est assuré qu'elle avait conservé la même occupation entre un recensement et une enquête sur l'emploi) est proche de 20 %. Lorsque cette déclaration change, il en résulte, six fois sur dix, une codification dans une rubrique différente, parfois fort éloignée dans la nomenclature. Dans la rubrique « médecin », l'instabilité des réponses est encore plus importante : 27 %. Pourtant, elle n'entraîne une codification différente que dans 5 cas sur 100 car l'éventail des titres dont peut disposer un même médecin (médecin, docteur en médecine, cardiologue, chef de service, professeur agrégé de médecine, etc.) est assuré d'une cohérence réglementaire et oriente donc vers une même rubrique. En revanche, les nouvelles « qualifications » d'« aide soignant » ou d'« agent de service hospitalier » recouvrent des occupations qui peuvent aussi être identifiées autrement (brancardier, agent de cuisine, femme de service), ce qui conduit alors à des codifications toutes différentes.

Si l'on porte attention au premier maillon de la chaîne, à la déclaration des personnes interrogées, la liste des rubriques dont les occupations ont les noms les mieux stabilisés est éclairante : artiste peintre ou sculpteur (0 % de variation), artisan d'art (0 %), pêcheur (0 %), marin du commerce (10 %), notaire (0 %), clerc de notaire (7 %), sage-femme (0 %), kinésithérapeute (10 %), assistante sociale (10 %) (l'instabilité moyenne, sur l'ensemble des rubriques de la nomenclature, est de 34 %). Derrière l'apparence composite de l'énumération, on peut rattacher ces diverses occupations dont l'identité est particulièrement consolidée à plusieurs principes fondamentaux de justification d'une activité professionnelle : l'inspiration de l'artiste, la tradition du métier, le civisme de l'office, la compétence technique de la profession. Chacun d'eux contribue à clarifier des situations caractéristiques aisément reconnaissables par la personne enquêtée et par celle qui code.

On peut, avant d'examiner la mise en œuvre de tels principes à propos des cadres et des professions de santé, considérer ici le cas des occupations ouvrières. Aux métiers qui ont conservé un nom (coiffure, cuir, alimentation, bâtiment) s'opposent les emplois dans des industries très capitalistiques (sidérurgie, verre, matière plastique) dont les processus de production en continu font obstacle à une délimitation nette des attributions et à la formation d'un nom de métier. Les occupations sont alors plus souvent définies par la phase du processus dans lequel l'ouvrier intervient : « surveillant sur machine au mélange de produits chimiques », « employé aux mélanges produits chimiques ». On voit clairement cette différence lorsqu'elle traverse un même secteur. Quand l'ancienne nomenclature permet de distinguer, parmi les occupations spécifiques d'un secteur industriel comme celui de l'alimentation, celles qui relèvent plutôt du « métier » et celles qui relèvent d'une « qualification » (ou d'une non-qualification), la différence dans la consolidation des identités apparaît clairement (les taux d'instabilité passant de moins de 25 % à près de 50 %).

Les ouvriers des matières plastiques sont de ceux dont les déclarations sont les plus fluctuantes (63 %). Le cas d'une entreprise de matières plastiques éclaire la façon dont une représentation par métier peut être dénoncée par rapport à une représentation par qualification. Le chef d'entreprise, interrogé sur la classification ajustée à son entreprise, met en cause la convention collective de la branche. Il la juge désuète parce qu'elle s'appuie sur des métiers traditionnels dépassés, et cela au nom d'un principe cohérent avec une mesure technique et critérielle de la tâche. Les appellations de métier qui occupent une place importante dans la convention collective nationale ont été remplacées par une grille standard de qualification (OS1A, OS1B, OS2, OP, etc.) complétée par la mention de l'atelier. Dans un même ordre d'idée, l'équivalence civique de tous les titulaires d'un même diplôme (en l'occurrence, un CAP) est dénoncée, tout comme la prétention marchande à monnayer ce diplôme : « Je conteste violemment [...] l'enseignement actuel qui a de plus en plus tendance à dire aux gens : une fois que vous aurez votre CAP, vous allez voir comme c'est chouette dans les usines et comme vous allez être bien payés. »

Pour terminer sur l'utilisation des déclarations d'occupation comme indices de la formation d'une identité, examinons un cas limite où cette déclaration peut être non seulement instable mais quasi inexistante. C'est celui des « aides familiales » (ou aides familiaux), catégorie statistique qui perpétue aujourd'hui un principe d'identification domestique dont nous avons vu, au chapitre précédent, la place centrale qu'il avait occupée dans les formes de classement précédant la nomenclature des CSP, et dont nous avons également observé la trace dans l'exemple de la « pharmacienne ». Sont classées « aides familiales » les personnes qui ne sont ni salariées ni patrons et qui répondent oui à la question : « Travaillez-vous, sans être salarié, en aidant une autre personne dans sa profession (par exemple, un membre de votre famille) ? » Ces situations, surtout fréquentes dans l'agriculture, l'artisanat et le commerce, sont à ce point domestiques que la notion d'occupation, qu'il s'agisse d'une profession, d'une qualification, ou même d'un métier, y perd de sa pertinence. Une règle de « redressement » statistique implique d'ailleurs que leur catégorie socioprofessionnelle est automatiquement celle du « chef de ménage ». Des mesures législatives récentes favorisent cependant une identification plus professionnelle de leur activité. Ainsi, les épouses de commerçant peuvent aujourd'hui s'inscrire personnellement au registre du commerce, à condition de « collaborer effectivement à l'activité commerciale de celui-ci sans être rémunérée et sans exercer aucune autre activité professionnelle ». Elles sont alors rendues électrices et éligibles aux chambres de commerce et d'industrie (décret n° 79 434 du 1er juin 1979). En 1975, un tiers d'entre elles ne donnent aucun nom d'occupation à son activité, laissant cette question en blanc ou déclarant sans profession. Un autre tiers s'identifie au groupe générique et déclare « commerçante ». Enfin, un dernier tiers seulement mentionne un nom de métier : « bouchère », « bouchère-caissière », « épicière », « vendeuse », etc. [Thévenot, 1983a, p. 199]. Dans le cas des aides familiaux (ales) de l'agriculture, un retour auprès des personnes enquêtées a montré que leurs réponses ne dépendent pas tant de la durée du travail sur l'exploitation (variable la plus pertinente pour le statisticien) que du dispositif même d'exploitation (en y incluant le mode de relation entre les personnes). Dans la culture maraîchère, par exemple, les femmes pratiquant les mêmes activités que leur mari et disant « on partage toutes les tâches » se déclarent volontiers « exploitantes agricoles » comme leur mari. Dans une petite exploitation de polyculture, les femmes qui, en revanche, effectuent à la fois des tâches spécifiques de soin des animaux et des « coups de main » ont rarement une activité identifiée par un nom d'occupation [Huet, 1981].

Nous nous sommes donc approchés au plus près de l'usage de la nomenclature en remontant la chaîne statistique jusqu'à son principal input, la déclaration de la personne enquêtée concernant son occupation. Les dysfonctionnements, dus notamment à la « mauvaise qualité » de cet input, sont souvent la conséquence d'une identification faible de cette occupation. L'étude de cette faiblesse fait apparaître, par défaut, les différentes façons dont une occupation peut être consolidée. Ainsi, une définition domestique de l'activité peut être compatible avec la définition de l'occupation comme *métier*, mais l'attachement au maître de maison —

agriculteur, artisan, ou petit commerçant — peut empêcher d'autres membres de trouver une identification autonome à un métier particulier. Cette première façon de mettre en valeur l'occupation peut aussi être défaite par la référence à une grille standardisée de qualification. Enfin, d'autres formes de mise en valeur sont possibles pour établir l'identité d'une occupation, par référence à la compétence d'une *profession* ou au service public d'un *office*.

L'enregistrement statistique est donc tributaire d'une identification de l'occupation sur laquelle il peut influer, mais qu'il ne peut constituer à lui seul. Il faut donc porter maintenant attention aux modalités de formation d'un groupe social, à la représentation politique d'une personne collective liée à l'occupation.

4. La formation d'une représentation d'un groupe social : les cadres

L'histoire de la construction sociale et politique de la catégorie des « cadres » a été analysée très complètement dans l'ouvrage fondamental que Luc Boltanski a consacré à ce sujet [Boltanski, 1982]. L'un de ses apports est de mettre en lumière les tensions et les accommodements entre deux définitions possibles de l'identité sociale des cadres, que nous pouvons rattacher à deux formes possibles de justification de la valeur d'une activité [Boltanski, Thévenot, 1987], formes que nous avons déjà vu se rencontrer dans l'histoire des CS retracée dans le chapitre précédent. La première est fondée sur une capacité professionnelle sanctionnée par un diplôme ; la seconde repose sur l'expérience professionnelle et la connaissance du « terrain », et rejoint donc le mode de définition du « métier » qui repose également sur un apprentissage long, sur l'ancienneté et sur une connaissance dite pratique. L'étude historique de la constitution de la catégorie « cadres » fait clairement apparaître la genèse de ce jeu entre deux façons de se définir comme cadre, jeu qui se prolonge aujourd'hui et dont Boltanski a montré qu'il était à l'origine du succès de cette catégorie sociale désormais solidement représentée (dans tous les sens du terme).

A la différence des ouvriers, une telle représentation fait complètement défaut avant les années trente. L'identité de

« cadre » n'apparaît ni dans les statistiques, ni dans l'espace politique, ni enfin dans la littérature que l'on peut prendre comme écho des représentations ordinaires du monde social. Le terme ne s'imposera que sous Vichy et sera consolidé, après la Libération, par des réglementations spécifiques à cette catégorie, et en particulier un système de caisses de retraite. La première étape de la représentation des cadres a reposé sur le travail, particulièrement actif dans le prolongement des grèves du printemps 1936, d'ingénieurs diplômés de grandes écoles (notamment Centrale et les Mines) pour construire cette nouvelle identité autour de plusieurs syndicats, l'Union des syndicats d'ingénieurs français (USIF), le Syndicat professionnel des ingénieurs diplômés français (SPID) et surtout, par le nombre de ses adhérents qui avoisine 10 000, le Syndicat des ingénieurs salariés (SIS) créé par l'Union sociale des ingénieurs catholiques (USIC).

Mais, dès cette première étape, les ingénieurs diplômés cherchent à établir des liens entre une forme de compétence technique assise sur une formation scolaire et une tout autre forme d'identification sociale qui trouve son expression dans les mouvements dits des « classes moyennes ». La Confédération générale des syndicats de classes moyennes, qui a revendiqué jusqu'à deux millions et demi d'adhérents, regroupe en effet des syndicats professionnels de l'agriculture, du petit et moyen commerce, de la petite et moyenne industrie, de l'artisanat, des professions libérales, de la maîtrise et des cadres. Ces occupations, extérieures au monde du salariat, ne sont certainement pas ajustées à une mise en valeur faisant référence à une technicité certifiée par un diplôme. Leur « grandeur » doit être d'une autre nature [Boltanski, Thévenot, 1987], cohérente avec un patrimoine, le poids de traditions et une autorité personnelle. De fait, cette confédération des classes moyennes agit surtout, par l'intermédiaire de parlementaires, pour la défense de la petite entreprise. Ce mouvement s'élève donc contre un ordre fondé sur la richesse, contre un esprit de consommation et une ploutocratie, en même temps qu'il met en cause un ordre dont le bien commun est le collectif et qu'il dénonce le pouvoir des masses. Se présentant comme une alternative à la fois au pouvoir des possédants et à celui du prolétariat, dont l'opposition est réalisée dans la grande entreprise, il prône ainsi une troisième voie qui doit faire obstacle à l'anonymat du grand capitalisme comme à la mobilisation ouvrière du Front populaire.

La représentation de la catégorie des cadres, qui prend donc appui sur ces deux types d'organes représentatifs (syndicats d'ingénieurs et mouvements de classes moyennes), est ainsi le résultat d'un travail de compromis entre, d'une part, un principe d'efficacité ajusté à la compétence technique et, d'autre part, un principe d'autorité fondé sur la tradition et des liens personnels de type familial, compromis caractéristique du mouvement corporatiste qui concourra à l'existence des cadres.

L'opposition entre ces deux principes peut être rabattue sur une distinction entre une élite bourgeoise contrôlant la représentation du groupe et une base petite-bourgeoise qui en formerait les bataillons. A l'ingénieur polytechnicien s'opposera le cadre maison, autodidacte, et aujourd'hui encore, les statistiques de l'APEC montrent qu'à la différence d'un recrutement anonyme sur titre conduisant aux emplois de grandes entreprises, le cadre autodidacte sera plutôt engagé par relations, dans une petite entreprise, quand ce n'est pas une promotion interne qui garantit sa fidélité à l'esprit maison. Dans les statistiques, l'opposition ne sépare plus tant les ingénieurs des cadres, comme dans les années cinquante-soixante, et le titre de cadre tend à être de plus en plus souvent adopté par les ingénieurs, ce qui explique le ralentissement de la croissance de la CSP ingénieurs [Thévenot, 1977]. Cette opposition partage les différentes fonctions de cadres et c'est pour cette raison que, dans la nouvelle nomenclature PCS, ces fonctions ont été prises en compte. Les ingénieurs sont regroupés avec les cadres techniques (PCS 38 : « ingénieurs et cadres techniques d'entreprise ») et distingués des « cadres administratifs et commerciaux d'entreprise » (PCS 37) ; au niveau plus détaillé, des fonctions plus fines sont différenciées.

Pour ces cas extrêmes, on peut faire le constat d'un attachement de chacune des formes de mise en valeur (de l'occupation) à des personnes, ce qui ne va pas sans une certaine rigidité inhumaine [Boltanski, Thévenot, 1987], celle du technocrate qui se prend trop au sérieux ou celle du cadre maison paternaliste. Cependant l'identification à la catégorie « cadre » tolère des possibilités de jeu sur ces principes, pour une même personne, et que c'est sans doute ce jeu qui assure la pérennité de cette catégorie.

5. Les représentants des professions et la nomenclature

La construction de la nouvelle nomenclature s'est appuyée sur un très lourd dispositif de consultation des représentants professionnels, sous l'égide du Conseil national de la statistique (CNS) (cf. encadré p. 69). Les réunions de ces professionnels, organisées par domaines d'emploi (mécanique, transport, santé, etc.), furent des moments très favorables pour distinguer les différentes façons de rapprocher des personnes selon leur occupation. Les débats portaient sur le classement de telle ou telle profession dans une rubrique, sur les arguments pouvant justifier ces regroupements, sur le libellé de la rubrique, sur les termes de sa définition, sur les noms de professions cités pour caractériser son contenu. A titre d'exemple, un syndicat représentant les prothésistes dentaires demande, dans une correspondance adressée au président du groupe du CNS, que les termes « mécanicien » ou même « technicien » soient exclus de la nomenclature, en s'appuyant sur une décision du Conseil d'État reconnaissant le titre de « prothésiste dentaire ». Dans la description de l'activité, il demande de remplacer « conçoit ou fabrique... » par « conçoit *et* fabrique... ». Dans un autre cas extrême, celui des « métiers d'art », le contenu exact d'une rubrique a même été établi entièrement par voie de commission. Chaque nom d'occupation inclus dans la rubrique devait rencontrer l'assentiment d'une commission *ad hoc* réunissant des représentants des métiers d'art sous l'égide du ministère des Affaires culturelles.

Bien que la nomenclature n'ait pas à proprement parler d'incidence juridique, les discussions, souvent très vives, ont montré que les taxinomies sociales sont un enjeu suffisamment important pour entraîner une mobilisation des organes représentatifs des professions. Dans ce lieu sont en effet consolidées, réévaluées, étendues, articulées au niveau national, les ressources qui servent à la formation d'identités professionnelles et sociales. Les désaccords portant sur l'état actuel de la nomenclature ou sur les propositions de modification, ainsi que les discordes entre professionnels, donnaient lieu à des échanges d'arguments sur l'ordre à établir entre différentes occupations, sur les différentes façons de les valoriser [Rivard, 1986], sur les principes mêmes que l'on peut invoquer légitimement pour justifier une certaine position, c'est-à-dire la valeur d'une occupation. A cette occasion, on pouvait voir exprimés des principes et apportées des preuves qui, invoquées dans l'application de ces principes, étaient destinées à justifier ou dénoncer tel ou tel regroupement ou dénomination d'une rubrique de la nomenclature. Ainsi, un ensemble d'usages et de savoir-faire attachés à un nom de métier traditionnel pouvait s'opposer à des compétences mesurables, à un art indépassable, ou encore à un intérêt général collectif. Ces lieux étaient aussi des lieux de compromis ou d'accommodement entre différentes façons de construire des équivalences entre des personnes, cohérentes avec plusieurs principes de jugement, compromis qui seront inscrits dans la nomenclature finalement produite.

Nous emprunterons les exemples aux débats concernant les occupations touchant de près ou de loin à la santé, qui offrent, à condition qu'on ne se restreigne pas aux professions strictement médicales, un panorama très large des modes de définition de l'identité sociale et des outils mis en œuvre pour consolider cette identité.

Le cas des psychologues nous offre une première illustration très claire de cette confrontation entre plusieurs représentations possibles d'une occupation, reposant sur des principes de justification contradictoires. Le Syndicat national des psychologues (SNP), dénommé initialement Syndicat national des psychologues praticiens diplômés, est fondé en 1951 à la suite de la création d'une « licence de psychologie » à la Sorbonne, en 1947. Ce syndicat met en valeur l'occupation en se fondant sur une compétence technique, et en cherchant à établir une équivalence entre cette compétence et un diplôme national universitaire. Cet effort aboutit, en 1969, à un projet de loi sur un statut unifié de psychologue « scientifique », qui prévoyait la réglementation de l'accès à la profession et en particulier l'exigence d'une formation universitaire de six années. Le projet échoue, mais conduit néanmoins à un décret de 1971 stipulant que les psychologues recrutés dans des établissements d'hospitalisation publics devront être titulaires d'une licence ou d'une maîtrise de psychologie ou encore d'un diplôme de l'enseignement supérieur appartenant à une liste d'assimilation. De même, lorsque l'harmonisation européenne des taxes sur les chiffres d'affaires conduit à étendre la TVA aux professions libérales non médicales ou paramédicales, une correspondance du ministre du Budget au SNP indique qu'en seront exonérés les psychologues ayant une formation supérieure et qui « d'autre part effectuent des actes liés à l'établissement d'un diagnostic ou la mise en œuvre d'un traitement ».

Un deuxième syndicat représente, d'une tout autre façon, les psychologues : le Groupement syndical des praticiens de la psychologie (PSY'G). Son nom ne fait pas mention d'un diplôme mais souligne, à l'inverse, l'importance de la *pratique* caractérisée dans d'autres textes par l'« expérience », la « maturité », le « savoir-faire » acquis « sur le tas », particulièrement en exercice « libéral » (ce syndicat met en avant son appartenance à l'« Union nationale des professions libérales »). Le statut de « salarié », « vacataire » et « étudiant » devient l'objet d'une dénonciation : l'étudiant qui n'a pas fait d'apprentissage n'est qu'un immature, le salarié un irresponsable. Le syndicat peut délivrer une licence d'exercice par l'entremise d'un jury constitué de syndiqués et « se porter garant » de la qualité d'un de ses membres. De même, c'est par la référence à un tout autre principe de justification que l'on comprend que ces représentants, à l'inverse des précédents, accumulent les preuves montrant que l'activité du psychologue n'est ni médicale ni paramédicale, en prenant appui sur la réglementation des professions médicales et sur une décision judiciaire récente relaxant une personne accusée d'exercice illégal de la médecine par le ministère de la Santé.

Chacun des principes va conduire à justifier des rapprochements différents. Ainsi, les qualités pertinentes selon le second principe vont amener les représentants du second type à rapprocher, sous la même dénomination de psychologue, des occupations mal représentées, voire éliminées dans les congrès du SNP : « conseiller conjugal et familial », « conseiller matrimonial », « conseiller sexologue », « formateur et animateur », « conseiller social », « conseiller professionnel », etc. A l'inverse, le SNP trouve inacceptable de partager un stand avec les conseillers matrimoniaux dans un congrès de l'Union nationale des professions libérales.

Face à des argumentations en faveur d'une identification d'occupation sous la forme du « métier », reposant exclusivement sur le contrôle de ses membres (comme dans le cas des sociétés de psychanalystes), le statisticien du ministère de la Santé siégeant dans le groupe où se discute le projet de nomenclature rétorquera que « les seules professions dont le ministère de la Santé a une connaissance statistique correcte et fiable sont les professions réglementées par le Code de la santé et que, dans cette mesure, il ne peut connaître les contours de la profession de psychanalyste ». Alors qu'une représentante d'un courant d'analystes fait valoir la durée de la formation pour justifier de la compétence de ses membres, le représentant de l'Ordre des médecins, prenant appui sur l'intervention précédente du statisticien du ministère de la Santé, oppose « les professions qui ont un diplôme d'État » à « des gens qui ont fait des études extrêmement sérieuses et avec des modes parfaitement réglementés mais autoréglementés, sans qu'il y ait délivrance d'un diplôme, d'une capacité, d'un brevet, décernés par l'État et reconnus comme tels ».

La disponibilité de plusieurs principes de justification, légitimes bien qu'incompatibles, et la possibilité pour une même personne de passer de l'un à l'autre, sont illustrées par le cas d'une personne représentant deux occupations, psychanalyste et psychologue. Lorsqu'elle parle « en tant que psychanalyste », elle fait valoir que « la définition de thérapeute ou d'analyste dépend de critères intrinsèques, c'est-à-dire qui sont retenus par des associations privées et non universitaires ». Intervenant cette fois en tant que représentante d'un syndicat de psychologues, le SNP, cette même personne s'oppose alors au représentant du PSY'G qui fait valoir que la profession de psychologue n'est pas médicale et ne suppose pas de niveau de formation minimal. Elle souhaite à l'inverse « que la formation universitaire soit un critère de définition de la rubrique "psychologue" » et indique que le jugement de relaxe cité par le représentant du PSY'G concernait un psychanalyste et non un psychologue (elle rappelle alors qu'elle parle ici en tant que psychologue).

Le secteur de santé offre à l'évidence la possibilité de recourir à une autre forme de justification, par la référence à un intérêt général humanitaire qui est immédiatement présent lorsque la vie de la personne est en jeu, mais qui peut être lié, de manière plus lâche, à la bonne santé. Le recours à cet intérêt général est naturel pour les médecins [Arliaud,

1987], et les contraintes associées sont sans doute plus visibles dans le cas d'occupations paramédicales. Ainsi, le rapporteur du projet de loi réglementant la profession d'audioprothésiste souligne que « chez l'enfant, ces inconvénients matériels et moraux [dus au handicap auditif] se doublent de conséquences infiniment plus graves [que chez l'adulte] pour sa santé future, son évolution intellectuelle et, par suite, son intégration dans la vie sociale » (*Journal officiel*, n° 55, 25 juin 1966). Dans une perspective analogue, un représentant des pédicures fait valoir leur rôle « socio-économique » : « Les pouvoirs publics, les commissions sanitaires, les médecins, sous-estiment les affections du pied et négligent leurs répercussions socio-économiques, leur fréquence d'apparition [1 Français sur 10]. » De même le représentant des ambulanciers conteste la non-prise en compte de cette occupation dans les rubriques de la nomenclature concernant la santé. Il argue du fait qu'« à l'heure actuelle, plus de la moitié des entreprises sont agréées [...] que ces gens exercent donc une seule profession », que « l'ambulancier fait désormais partie intégrante de la chaîne de soin ».

En restant toujours dans ce même secteur des occupations liées de près ou de loin à la santé, on peut observer la trace d'une forme de justification de l'activité que nous n'avons pas encore mentionnée et qui se déploie plus aisément dans d'autres secteurs : la justification marchande. Ce principe, qui donne leur assise aux occupations commerciales, entre clairement en tension avec ceux que nous venons d'examiner et notamment le dernier, l'intérêt général du citoyen impliqué dans la référence au « social ». Deux exemples mettent en lumière cette tension et les efforts de compromis tentés pour la dépasser, celui des visiteurs médicaux et celui des opticiens-lunetiers. L'argumentation des premiers tend à faire glisser leur activité depuis la mise à disposition (strictement marchande) d'un bien marchand jusqu'à la diffusion d'informations d'intérêt général. Dans le cas des opticiens, la réglementation de l'activité commerciale impose la possession d'un diplôme au responsable du commerce.

Les différentes façons de mettre en valeur une occupation que nous avons rencontrées font donc référence à la capacité professionnelle, à l'apprentissage du métier, au besoin du client, ou encore à un emploi dont l'exercice est garanti par l'État, par le Code de santé établi au nom de l'intérêt général. Ces principes ne règlent pas seulement la définition d'une occupation, mais déterminent la forme de la relation qu'elle entretient avec d'autres. Ainsi, dans une hiérarchie des capacités professionnelles, la durée des études va souvent déterminer un rapport d'autorité, entendue comme compétence technique. La représentante des sages-femmes, pour marquer un tel rapport à l'égard d'occupations d'auxiliaire médical qui exigent une même durée de formation, conteste la formule « de même niveau » employée dans le projet de nomenclature, en faisant valoir que « le programme est très dense » et demanderait donc, pour bien faire, une année de plus.

C'est ce même principe qui a orienté l'action des préparateurs en pharmacie pour obtenir que le diplôme d'accès ne soit plus un CAP mais un BEP (ou les prothésistes dentaires pour réclamer la « suppression de l'apprentissage artisanal tel qu'il est dispensé actuellement, afin de promouvoir la profession au rang qu'elle doit occuper dans l'art dentaire [et la reconnaissance de] l'équipe dentiste-assistante-prothésiste »). Le changement n'est pas seulement un allongement de durée des études, mais implique aussi la substitution progressive d'un principe à l'autre. Le CAP antérieur qui, jusqu'en 1977, ouvrait l'accès à cette profession par voie d'apprentissage (trois ans) accompagné de cours du soir ou par correspondance, était cohérent avec une subordination personnelle à l'égard du pharmacien, un lien domestique au sein de l'officine. On comprend donc que le Syndicat national des pharmaciens résidents, représentant les pharmaciens salariés d'hôpitaux, soutienne les préparateurs dans leur revendication cohérente avec une relation anonyme de compétence. En revanche, le Syndicat national autonome des cadres pharmaciens, représentant plutôt les pharmaciens d'officine et qui a fait de la lutte contre « la pléthore de diplômés » l'un de ses chevaux de bataille, n'est pas favorable à la redéfinition de l'occupation de préparateur, soulignant que « la formation dans l'officine a fait jusqu'à présent la grande force des préparateurs ». La création d'une « voie scolaire » est dénoncée comme l'intérêt particulier de « l'Éducation (ex-nationale) à l'heure où les établissements d'enseignement secondaire ont des effectifs qui stagnent ou même régressent (du fait de l'évolution démographique), [et où] il est urgent d'organiser de nouveaux enseignements ! » (*Le Journal des cadres pharmaciens*, n° 47, juillet-août 1979).

6. La politique des statistiques

Dans cet ouvrage, nous n'avons pas abordé les rapports entre politique et statistique en termes d'influence directe du pouvoir politique sur une activité scientifique ou technique, tels qu'ils peuvent être suggérés, par exemple, par les tentatives pour peser sur l'indice des prix : de semblables interventions sont, au demeurant, inexistantes en ce qui concerne les CS. Nous n'avons pas non plus cherché, dans la voie d'une sociologie des producteurs de statistiques, à dévoiler les effets, sur cette activité, des dispositions des personnes qui y participent. Dans une telle perspective, nous aurions pu rappeler l'effet de myopie qui peut conduire les auteurs de la nomenclature à raffiner le découpage des catégories proches de celle correspondant à leur propre occupation, en procédant à des partitions plus massives lorsqu'il s'agit d'occupations qui leurs sont moins familières [Desrosières et Thévenot, 1979].

Nous n'avons pas non plus abordé directement la question classique, qui a fait couler beaucoup d'encre dans les années soixante/soixante-dix : les CS sont-elles des catégories statistiques ou bien des catégories sociales, voire des classes sociales [Poulantzas, 1974 ; Baudelot, Establet, Malemort, 1974] ? Cette question ouvre souvent sur une opposition entre l'activité du sociologue et celle du statisticien. Les premiers déploreront le caractère artificiel de l'agrégation statistique qui traiterait les personnes comme des unités atomisées, appréhendées par quelques critères formels, alors que le groupe social aurait la réalité du fait collectif, dépassant les particularités insignifiantes des personnes qui le forment. Les seconds déclareront que leur tâche est de mesurer, et qu'ils doivent nécessairement se reposer pour cela sur des critères objectifs, sur des moyennes, et non sur des perceptions subjectives de l'appartenance à un groupe. En vérité, l'opposition perd de son tranchant si l'on porte attention, au-delà des débats sur la pertinence de tel ou tel critère et la composition de tel ou tel groupe, à la structure commune des deux opérations élémentaires de la statistique et de la sociologie. Toutes deux exigent en effet de coûteux « investissements de forme » [Thévenot, 1986] nécessaires pour construire des équivalences dans le temps et dans l'espace, et les rendre objectives [Héran, 1984]. Toute statistique est fondée sur une construction à deux niveaux, celui des unités élémentaires entachées de bruit et de particularités inutiles, et celui de la catégorie dont la consistance est assurée par le calcul de la *moyenne*. L'intitulé de la catégorie qui se trouve accolé dans le tableau de chiffres à cette valeur moyenne de la variable fait ainsi figure de *représentant* de l'ensemble des individus qu'elle résume et qui, pris un à un, seraient de moins bons candidats pour cette fonction. Toute approche sociologique repose sur une construction similaire, à deux niveaux, celui des subjectivités personnelles sur lesquelles le sociologue n'a pas prise, et celui de la tendance *collective* qu'il a pour mission de mettre au jour, comme le statisticien calcule la moyenne. C'est cette tendance collective qui *représentera* un comportement pertinent dépassant les particularités des conduites personnelles. Et cette commune structure, à deux niveaux, des représentations statistique et sociale, ne manque pas de rappeler celle de la représentation politique.

Aussi nous a-t-il semblé plus pertinent de tirer bénéfice de toute une série de travaux réalisés depuis une dizaine d'années. Nous avons préféré ici mettre en évidence des liens plus profonds et moins dépendants de caractéristiques personnelles entre l'opération de représentation d'une société qui est au fondement des mesures de la statistique sociale, et l'opération de représentation des membres d'une société qui fonde un ordre politique. Cette façon d'envisager la *politique des statistiques* amène à être attentif aux possibilités d'articulation entre les instruments d'équivalence statistique (codes, critères, moyennes) et les instruments d'équivalence politique (intitulé homogénéisant du groupe, conditions d'adhésion, élus). La mise en évidence de l'importance des formes d'équivalence et de leur objectivation dans des outils conduit à s'interroger sur leur diversité. Nous avons pu constater, dans ce chapitre, que ces équivalences étaient liées à des formes de justification permettant de mettre en valeur des occupations selon des logiques diverses.

III / La pratique de classement et la connaissance ordinaire d'un monde social

1. Le travail d'interprétation des catégories sociales

Nous avons mentionné, en introduction, un cas particulièrement net d'écart d'interprétation au sujet du contenu de la catégorie des « cadres ». Ce cas justifierait à lui seul de consacrer un chapitre aux opinions subjectives concernant les CS. Mais comme l'a déjà suggéré le chapitre précédent, plutôt que de rectifier une opinion subjective par un chiffre objectif, notre propos vise à démonter les rouages d'un dispositif composite de représentation. Dans ce dispositif, le chiffre importe, certes, mais la catégorie ne peut se perpétuer sans une représentation cognitive engagée dans l'interprétation de cette catégorie.

Au-delà des critères et des instructions explicités dans la nomenclature, au-delà des actions engagées par les porte-parole représentant des professions, les interventions de personnes mettant en œuvre leurs propres modes de repérage jouent un rôle considérable dans le façonnage des CS. Ce sont les personnes répondant à des questionnaires sur leur état professionnel, les employés d'un service statistique chargés de coder leurs réponses, les statisticiens fabriquant les nomenclatures, ou encore les lecteurs de tableaux personnifiant, dans des images typiques, les diverses rubriques de la nomenclature, de façon à *interpréter* des données.

Le présent chapitre est donc consacré aux processus d'interprétation, qui occupent une place considérable dans la mise en œuvre des CS et qui restent néanmoins, le plus souvent, fâcheusement oubliés au profit d'une description des consignes explicites et des outils techniques. Les interprétations sont, comme nous venons de l'indiquer, autant le fait des « professionnels » (employés à la codification) que des « profanes » qui en ont aussi la capacité (quiconque lisant les intitulés d'un tableau de chiffres ou parlant d'un ouvrier qualifié). C'est donc cette opération et cette capacité ordinaires que nous examinerons ici. Leur subjectivité, qui est souvent l'excuse pour les laisser de côté, exige de contrôler aussi rigoureusement que possible les conditions dans lesquelles on les étudie. C'est pour cette raison que nous nous reposerons principalement sur les résultats de travaux expérimentaux conçus spécifiquement pour étudier la façon dont des personnes ordinaires procèdent à des classements sociaux, des rapprochements suivant le milieu social, ou attribuent, à partir d'indices divers, une appartenance sociale.

2. Les catégories socioprofessionnelles indigènes et les classements pratiques

La façon la plus directe d'envisager cette capacité ordinaire à se repérer dans un espace social consiste à se demander, à la manière d'ethnologues rendant compte d'une culture étrangère, quelles sont les classifications que mettent en œuvre les indigènes. De fait, il est nécessaire, dès lors qu'on s'occupe de CS, de savoir quel est le rapport entre cette forme « savante » de classement social et la manière « profane » de catégoriser des personnes selon le milieu social. En dehors de tout apprentissage spécifique tel celui auquel sont soumis les employés chargés de la codification de questionnaires d'enquête, quel genre de catégories est utilisé pour opérer des rapprochements selon cette notion vague de milieu ? La réponse à cette question n'est pas seulement utile pour évaluer la diffusion d'une forme de représentation dans la société ; elle est nécessaire pour juger de la cohérence de l'ensemble du dispositif de codification qui, comme nous l'avons souligné, engage une large activité d'interprétation profane.

Nous avons donc imaginé un exercice expérimental de classement [Boltanski, Thévenot, 1983] pour explorer la façon dont des non-spécialistes procèdent à la construction de catégories sociales. Les participants devaient construire *pratiquement* une nomenclature socioprofessionnelle, en répartissant en plusieurs tas un paquet de fiches (65) contenant des informations du type de celles qui figurent sur un questionnaire statistique : âge, lieu d'habitation, diplôme, profession, statut (travailleur indépendant, salarié, etc.), nombre de salariés dans l'entreprise, éventuellement qualification des ouvriers ou grade, etc. La consigne était de « répartir ces fiches en tas selon les milieux auxquels appartiennent les personnes considérées ». Une fois ces tas réalisés, une deuxième consigne enjoignait de mettre, sur le haut de chaque tas, la fiche la plus représentative, c'est-à-dire « permettant de faire comprendre aux autres le contenu du paquet ». Enfin, une troisième consigne ultérieure demandait aux participants de donner un nom à chaque tas.

L'exercice était donc conçu pour observer une pratique de classement, sans en rester à une interrogation générale sur des principes ou une liste de rubriques, à laquelle se limite trop souvent l'étude d'une nomenclature. L'un des apports de cet exercice a d'ailleurs été de montrer que le traitement cas par cas (première étape) ne supposait pas les mêmes processus cognitifs que la désignation des catégories. La première étape, simulant l'activité concrète de codification, incite, par l'accumulation des cas particuliers soumis au classement, à faire varier les principes de justification des rapprochements effectués. Il est exceptionnel qu'à cette étape il soit fait référence à une représentation systématique de la société que la diversité des cas rencontrés en pratique met en échec. Une telle exception est celle d'un élève infirmier s'insurgeant contre l'absence d'une définition scientifique des classes sociales, ce qui discrédite à ses yeux l'exercice. Il comble ce manque en construisant une classification en cinq catégories, « le prolétariat productif », « le prolétariat non productif », « la petite bourgeoisie », « la moyenne bourgeoisie », « la haute bourgeoisie ou représentants directs », et cette construction théorique l'amènera à rapprocher la fiche « artisan ébéniste » et la fiche « instituteur », ce que ne proposera aucun autre participant.

Le plus souvent, la construction des tas, après une première caractérisation qui peut être très grossière (« plutôt haut », « plutôt manuel », « plutôt cadre »), se poursuit par un enchaînement du type mara-bout-de-fi-celle-de-cheval..., dans lequel le trait (en l'occurrence la variable) qui justifie le rapprochement change à l'occasion de la rencontre de nouveaux cas. Ainsi, un tas est formé autour des fiches « professeur de CES » et « professeur agrégé », parce qu'ils sont tous deux enseignants. L'ajout ultérieur d'un « chercheur du CNRS », puis d'un « inspecteur du Trésor » marque un glissement qui retentira sur l'appellation finale du tas : « fonctionnaires cadres supérieurs ». Autre exemple, un tas « artiste » est d'abord constitué auquel est ajoutée la fiche « photographe ». Quelques instants plus tard, le photographe est considéré comme « artisan » et les participants ajoutent de nouvelles fiches d'« artisan » en oubliant la première caractérisation. Ces rapprochements procèdent par association du type « un tel me fait penser à tel autre ». L'affinité ainsi construite n'est pas nécessairement transitive, pas plus que la sympathie dans la constatation courante que « les amis de mes amis ne sont pas forcément mes amis ». Les tas résultant de cette procédure ne peuvent être considérés comme homogènes au regard d'un critère ou d'une définition logique.

Nous reviendrons dans le paragraphe suivant, à propos d'un exercice spécifique, sur la stylisation des catégories sociales autour de cas typiques, à laquelle la deuxième consigne invitait en demandant de placer le cas typique le plus représentatif, au-dessus de chaque tas. Venons-en directement à la troisième consigne qui proposait de nommer chaque tas et qui tirait donc davantage vers la description standard d'une nomenclature au moyen de la liste de ses rubriques. Cette nouvelle consigne a fait souvent basculer complètement l'exercice, amenant les participants à engendrer des noms de groupes qui s'approchent de ceux des CS. Plus qu'une connaissance exacte de la liste des intitulés officiels (d'autant plus exactement rapportés que le niveau du diplôme est élevé), ces noms proposés révèlent une capacité à s'ajuster à la logique ayant présidé à la production des CS. Ainsi, par exemple, l'appellation « OS dans le tertiaire » ne figure pas parmi la liste des CSP mais reste conforme à leur logique et pourrait accéder à l'existence, être instituée. Il faudrait pour cela tout un ensemble de conditions qui ne sont pas tout à fait réunies : un travail syndical sur la déqualification dans le tertiaire et une théorie sociologique du « sous-prolétariat tertiaire » (équivalent de ce qu'a été la

« nouvelle classe ouvrière » dans les années soixante). Un autre nom inventé « ouvrier de métier artisanal » est à ce point probable qu'il sera adopté dans la nouvelle nomenclature des PCS (63 : « ouvriers qualifiés de type artisanal » et 68 : « ouvriers non qualifiés de type artisanal »). Même un engendrement monstrueux comme « cadre supérieur indépendant » laisse apparaître la connaissance des contraintes qui pèsent sur la confection des noms de CSP.

La preuve que l'opération de nomination relève d'une logique qui n'est pas celle des étapes antérieures (rapprochement et choix d'un cas typique) tient aux remaniements que cette nouvelle étape amenait souvent, conduisant les participants à revoir l'ensemble de leur classement, de façon à vérifier la cohérence critérielle de chaque tas et à tenter de l'améliorer en déplaçant des fiches. Malgré cette opération, il est fréquent que des tas baptisés de noms identiques ou voisins aient des contenus très différents. Ainsi, bien que les six classifications produites par un même groupe comprennent des catégories similaires (« cadres moyens et maîtrise », « maîtrise », « cadres moyens », « classes moyennes », « techniciens »), aucune fiche n'est commune aux six ensembles. De même, les six classifications comportent une catégorie « cadres supérieurs », ou « cadres supérieurs et professions libérales », mais ces catégories n'ont que trois fiches communes : « ingénieur TP », « médecin », « avocat ».

Quels sont les enseignements principaux de cette expérimentation ? On peut d'abord conclure des résultats que la diffusion des CS est aujourd'hui assez large (comme celle des « socioprofessionnels », au sens de représentants de groupes divers) pour que les gens les emploient, les retrouvent ou encore engendrent de nouvelles catégories sur le même modèle. La structure même de la nomenclature est familière ainsi que les critères majeurs attachés à cette représentation (notamment les oppositions salarié/non-salarié, public/privé, qualifié/non qualifié). Pour autant, leur contenu n'est pas clairement connu et l'accord est loin d'être unanime sur l'inclusion de tel ou tel cas particulier. Plus profondément il apparaît que l'activité pratique de classement ne se fait pas, le plus souvent, dans les formes que suggère la présentation formelle de la nomenclature. Elle procède par assimilation, par rapprochement, et l'identification au moyen de types n'est pas de même nature que la définition par critères. Ces observations demandent donc à être prolongées par une investigation spécifique sur les bons exemples. Les « bons exemples » dont se servent les gens pour procéder à des assimilations résultent-ils de leur expérience personnelle d'un milieu social, ou sont-ils liés à ce processus de constitution d'un groupe social dont nous avons rappelé les grandes lignes dans le chapitre précédent ?

3. Les « bons exemples » et les effets du travail de représentation politique d'un groupe social

Les observations systématiques au cours des deux premières étapes de l'exercice précédent (rapprochement pratique et choix d'un bon exemple) viennent donc confirmer les constats faits en suivant le travail effectif de codification dans les ateliers de chiffrement de l'INSEE : la connaissance des noms des catégories et des découpages majeurs ne suffit pas pour expliquer l'utilisation de la nomenclature socioprofessionnelle. Nous avons donc cherché à étudier spécifiquement les représentations cognitives qui ne sont pas fondées sur des critères, mais sur des bons exemples, sur des cas typiques servant, par des jugements de proximité, à l'assimilation à une catégorie. Des travaux de psychologie cognitive [Rosch, Lloyd, 1978] ont en effet démontré que cette structure des catégories formées autour d'un noyau de bons exemples se rencontrait dans de nombreux types de classements ordinaires, couleurs, objets courants, animaux, etc., et qu'il y avait par exemple, « des chiens plus chiens que les autres », des chiens plus faciles à penser, comme les épagneuls (aux États-Unis). En revanche, les pékinois, bien qu'équivalents aux précédents selon un principe savant, étaient de mauvais exemples venant plus rarement à l'esprit et exigeant un temps d'appréciation plus élevé quand il s'agissait de les reconnaître.

Les travaux empiriques ont montré que, dans le cas des catégories sociales, les bons exemples présents à l'esprit, lorsqu'il s'agit de mettre en œuvre les CS ou de lire un tableau de chiffres, étaient liés au travail de représentation politique mentionné dans le chapitre précédent. Tournons-nous d'abord vers les ouvriers. Cette catégorie sociale est représentée de plus longue date que celle des cadres et s'impose aujourd'hui avec une plus grande force d'évidence que la précédente. Il n'en reste pas moins qu'elle se trouve, elle aussi, traversée par des tensions que l'on peut rapporter à des formes fondamentales de valorisation de l'occupation. Les choix d'un bon exemple d'ouvrier, d'un « contremaître », d'un « fraiseur P2 » ou d'une « OS » (pour reprendre des cas disponibles pour faire les têtes de tas de l'exercice précédent), renvoient chacun à une modalité différente de représentation politique des ouvriers. La différence entre les deux premiers actualise la polémique entre Proudhon et Marx quant à la définition de la classe ouvrière. La philosophie politique de Proudhon est cohérente avec une identité de chefs d'atelier relativement autonomes, sans connaître pour autant la séparation des artisans traditionnels [Ansart, 1970]. Cette valorisation d'une capacité d'initiative en même temps que de l'assise de liens mutuels, aujourd'hui relativement en retrait dans la représentation politique des syndicats ouvriers français, se trouve toutefois relancée par des travaux d'économistes prônant la réussite d'une organisation du travail flexible et spécialisée [Piore, Sabel, 1986]. Elle s'oppose donc à l'identification que Marx fait d'une classe ouvrière issue du développement de la grande entreprise. C'est aussi cette polémique qui s'est trouvée de fait réactivée lors de la délibération portant sur la place des agents de maîtrise dans la nouvelle nomenclature : au sein du groupe « ouvriers », comme dans la nomenclature antérieure, ou dans le groupe « professions intermédiaires » (solution finalement adoptée).

Le deuxième bon exemple fréquemment utilisé pour « représenter » un tas, celui d'un ouvrier professionnel métallurgiste caractérisé par sa qualification dans la grille des conventions collectives (P2), est cohérent avec la construction du salariat ouvrier dont la CGT a contribué à assurer la représentation. Le troisième bon exemple, l'« ouvrière d'usine emballeuse », porte la référence à l'usine, mais à un emploi non directement productif, sans qualification et sans dignité, pouvant représenter à la fois la « condition ouvrière » et la « condition féminine ». Cette représentation rencontre le soutien de la CFDT qui met en cause le caractère exemplaire du cas précédent : « La composition, la représentativité des forces organisées du mouvement ouvrier est restée largement fixée depuis trente ans, alors que le salariat s'étendait et se diversifiait rapidement sous l'effet de l'évolution économique, technologique et sociale. [...] En fait, depuis plus d'un siècle, les ouvriers (hommes) qualifiés de l'industrie dominent le mouvement syndical, s'identifient à la classe ouvrière tout entière et s'expriment en son nom [1]. »

C'est ce travail politique de représentation qui détermine donc la formation des bons exemples et qui peut expliquer, *a contrario*, que les cas suivants aient été très rarement choisis, alors qu'ils étaient tous disponibles pour figurer en tête de tas des catégories de travailleurs manuels sans qualification : « femme de ménage », « magasinier automobile » « aide magasinière », « veilleur de nuit ».

Pour approfondir les observations précédentes, nous avons consacré un exercice à cette caractérisation du bon exemple, en demandant aux participants de donner trois exemples — éventuellement inventés — de cadres typiques, décrits à travers quelques variables imposées : fonction, âge, sexe, diplôme, revenu, employeur, taille de l'entreprise, lieu de résidence, voiture. Des échantillons *imaginairement* représentatifs ont pu être ainsi construits et rapprochés d'un échantillon *statistiquement* représentatif (cf. tableau IV). Les cadres choisis en exemple sont beaucoup plus diplômés [Cézard, 1973], plus fréquemment parisiens, plus souvent dans la quarantaine, exerçant dans le secteur privé des fonctions commerciales, de marketing ou de publicité. Les PME sont sous-représentées, à l'inverse de grandes entreprises dont le renom est assuré (et dont le nom est souvent précisé par les participants). Le cadre exemplaire est donc stylisé de la manière suivante : HEC, IBM, marketing, BMW.

Le bon exemple, le « bon représentant » de la catégorie, celui qui vient le plus facilement à l'esprit lorsque le nom de la catégorie est lu ou entendu, est donc très différent du cadre « représentatif » au sens de la catégorisation statistique, du cadre calculé comme une moyenne. On pourrait penser *a priori* que cette image de cadre typique est forgée par l'expérience, qu'elle dépend donc très directement de

1. E. Maire, *Reconstruire l'espoir*, Le Seuil, Paris, 1980, cité *in* [Boltanski, 1982]

TABLEAU IV. — CADRES TYPIQUES ET CADRES REPRÉSENTATIFS

(en pourcentages)	*Échantillon exemplaire*					*Échantillon statistique*
	Groupe A Cadres diplômés gde entreprise (n. ex = 48)	Groupe B Cadres autodidactes chômage (n. ex = 49)	Groupe C Cadres comm., gde entreprise (n. ex = 43)	Groupe D Enseignants prim. et secondaire (n. ex = 52)	Total échant. exemplaire (n. ex = 192)	Échant. de référence (INSEE F.Q.P.70)
Pas de diplômes supérieurs au bac	5	39	20	11	19	56
École d'ingénieurs ou de commerce	67	31	40	38	44	26
Fonctions = commerciales, marketing, finance	66	24	45	16	35	28
Fonctions = production, méthode, entretien	9	13	18	11	11	31
Agés de 35 à 49 ans	71	57	69	58	59	35
Habitent Paris ou la région parisienne	87	90	75	78	80	41
Établissements de moins de 500 salariés	23	28	36	27	26	75

Les pourcentages sont calculés sur le total des exemples fournis par chacun des groupes.

Source : BOLTANSKI, 1982, p. 468.

l'appartenance sociale et de l'environnement professionnel de la personne interrogée. De fait, ce sont les bons exemples proposés (individuellement) par des cadres plutôt jeunes, eux-mêmes diplômés et travaillant au siège social parisien d'une grande entreprise (groupe A) qui ont, sous la forme la plus accentuée, les traits précédemment décrits, et qui s'écartent donc le plus du « cadre moyen » de la statistique représentative, au sens de l'« homme moyen » de Quetelet [Desrosières, 1985]. Mais cette explication par la familiarité des participants à l'égard de ce type de cadres ne tient plus lorsqu'on porte attention aux bons exemples proposés par des enseignantes du primaire et du secondaire en retraite (groupe D) dont l'environnement professionnel s'oppose en tous points à celui des participants du groupe A. Les cadres exemplaires produits par ces enseignantes restent typiques dans le même sens, l'écart au « cadre moyen » étant simplement moins accentué sous le rapport de la formation grande école, de la fonction (commerciale, marketing, finance) et de l'âge. Même les participants d'un troisième groupe de cadres autodidactes au chômage (groupe B) mettent en avant la même stylisation du cadre typique, tout en marquant plus que d'autres la place des cadres n'ayant pas de diplôme supérieur au baccalauréat.

En conclusion, la caractérisation du cadre typique est très générale, elle dépend relativement peu des personnes interrogées, mais résulte davantage du processus de représentation politique du groupe social dont nous avons vu les premières étapes dans le chapitre précédent, et qui par la suite, notamment avec les « missions de productivité » aux États-Unis développées pendant les années cinquante, tendront à façonner cette représentation du cadre de gestion du secteur privé [Boltanski, 1982, chap. 2].

Si l'on examine de plus près les résultats de cet exercice, la représentation cognitive de la catégorie apparaît d'ailleurs plus complexe, ménageant la possibilité d'une structure bipolaire et laissant émerger, sur un mode mineur, la représentation du cadre autodidacte dont nous avons vu qu'il avait joué un rôle important dans la constitution du groupe. Cette structure est d'ailleurs parfois apparue dans l'exercice précédent. Ainsi, deux participants chômeurs en formation, anciens directeurs d'entreprise âgés de plus de 50 ans, l'un diplômé de l'enseignement supérieur et l'autre sans diplôme, ont construit ensemble une nomenclature dans laquelle un tas « dirigeants diplômés » était distingué d'un autre « dirigeants autodidactes ». L'exercice des bons exemples avait été conçu pour permettre non seulement la mise en évidence d'un « noyau » de la représentation, mais également pour pouvoir appréhender une représentation plus complexe puisque les participants devaient proposer trois exemples et, dans une deuxième étape, leur attribuer un ordre du plus au moins « représentatif ». Même si le cadre typique dont nous venons de décrire la silhouette venait généralement à l'esprit en premier, certains participants ont eu à cœur de proposer comme troisième exemple un cadre autodidacte correspondant à ce second pôle. De plus, lors de la seconde étape qui ménageait une possibilité de réflexion, ils ont délibérément corrigé ce premier choix spontané en inversant l'ordre, et en considérant ce troisième exemple comme le plus représentatif. Cette opération est portée par l'intention de mettre en cause une représentation jugée incorrecte ou inadmissible, et s'apparente à la dénonciation d'une injustice [Boltanski, 1984]. Elle montre clairement que les processus cognitifs de catégorisation ne peuvent pas, lorsqu'il s'agit de catégorisation sociale, être disjoints des procédures et principes de représentation politique.

4. Les indices mis en œuvre dans le repérage ordinaire du milieu social

Après avoir pris en compte l'usage ordinaire des noms de CS et des principes de découpage dont ils sont porteurs, et après avoir mis en évidence la généralité des formes typiques et leurs liens avec le travail politique de représentation d'un groupe, il reste à examiner l'activité d'interprétation elle-même qui consiste à attribuer une personne à une catégorie en collectant des informations diverses à son sujet. Cette activité est, dans le cas d'un codeur professionnel, fortement contrainte par des règles et consignes de chiffrement. Cependant, nous avons observé que, même dans le cas d'un « professionnel », de nombreux cas particuliers obligent à s'écarter des consignes strictes pour mettre en œuvre une compétence plus ordinaire du monde social. Chacun est en effet amené à utiliser couramment une telle compétence pour se représenter une personne rencontrée et donner sens à un ensemble d'indices qui l'informent sur son identité sociale. Quel est le rapport entre cette compétence ordinaire et les règles enfermées dans la nomenclature ? Ces interprétations personnelles sont-elles sources d'erreur ou permettent-elles d'enrichir une information reposant sur des découpages critériels ?

Pour répondre à ces questions, nous avons conçu un autre exercice qui consistait à réunir suffisamment d'informations sur une personne inconnue des participants mais réelle, pour découvrir le milieu social auquel elle appartenait et, plus précisément, sa profession. Dans cet exercice, l'information que l'on peut obtenir sur cette personne est constituée par les réponses qu'elle a fournies à un questionnaire. Chaque participant peut acheter l'information qui lui est nécessaire en choisissant les questions dont il souhaite connaître les réponses. Le gagnant est celui qui a trouvé la profession exacte en dépensant le moins d'argent possible. Les questions (40) relèvent de registres variés : *1)* l'identité légale de l'état civil (sexe, âge, état matrimonial, etc.) ; *2)* la vie professionnelle ; *3)* les relations domestiques, familiales et de voisinage (meilleurs amis, parents, conjoint...) ; *4)* la richesse ; *5)* les pratiques culturelles ; *6)* les dispositions éthiques et les opinions politiques. Le système des prix (de

1 F à 40 F) fait peser un handicap sur les informations directement liées à la vie professionnelle. Il a été conçu pour tester la capacité des participants à utiliser des informations très indirectes et fragmentaires et en inférer le milieu social de la personne mystérieuse.

L'exemple d'un excellent jeu fera clairement apparaître cette capacité ordinaire à interpréter des indices divers, à chercher leur cohérence et attribuer un milieu social. Jean demande d'abord le sexe de la personne mystérieuse (1 F) : il s'agit d'une femme. Jean achète ensuite les informations — également bon marché — sur l'âge (50 ans) et l'état matrimonial : la réponse fermée « célibataire » est entourée avec une surcharge ajoutée à la main « en concubinage ». Il demande ensuite si cette femme est propriétaire ou locataire (1 F). Il commente la réponse en disant : « Locataire ? et elle a 50 ans ? » Il achète ensuite le lieu d'habitation (3 F) : « Paris, VIIe ». « Ça, c'est intéressant ! », observe Jean qui connaît bien ce quartier où il possède des amis et où il a, durant un certain temps, exercé la profession de coiffeur pour dames. La question suivante concerne les trois émissions de TV préférées (3 F) : « Numéro un, les feuilletons, *Les dossiers de l'écran.* » Jean commente : « Ça, c'est une concierge. En concubinage, locataire, qui regarde des émissions pareilles et dans le VIIe ! C'est une concierge ! » Jean pose enfin la question de la voiture possédée (3 F) : « Alfa-Roméo sprint 1979 » (l'interview a été fait en 1981). Jean considère qu'il a assez d'information pour connaître la catégorie sociale de la personne mystérieuse, et il formule la réponse suivante : « C'est pas une concierge, c'est une grosse commerçante alors. Oui, c'est une commerçante pour avoir des goûts comme ça de télé. C'est une coiffeuse, ou une charcutière, oui, feuilletons, *Dossiers de l'écran*, et Alfa-Roméo, dans le VIIe ! »

A la différence d'autres participants qui achètent des informations plus chères, en dépensant parfois jusqu'à 80 F sans succès, Jean est capable de procéder, à partir d'un faisceau d'indices très indirects, à une inférence correcte et économique (il ne dépense que 13 F) sur le milieu social de la personne mystérieuse. Ces indices trouvent leur cohérence dans une connaisance domestique de la personne et de son milieu, qui s'oppose au savoir anonyme mais doté d'une efficacité propre de variables plus standardisées. On comprend ainsi que, contrairement à la plupart des exercices de psychologie sociale, celui-ci décerne les moins bons scores aux personnes les plus diplômées, même dans le cas où la personne mystérieuse (différente de la précédente) a une appartenance sociale proche de la leur. Elles ont appris à connaître et à user de l'efficacité de ces variables formelles et résistent à des interprétations personnelles. Les femmes, les chômeurs, les personnes ayant connu des itinéraires mouvementés, habitués à voir le « dessous » des choses, se prêtent plus facilement à cette opération d'interprétation qui s'apparente à un dévoilement.

Dans ce chapitre, nous avons donc cherché à resituer le codage statistique des CS dans le cadre plus large des procédures de repérage du milieu social que chaque membre de la société est fréquemment amené à mettre en œuvre dans la vie quotidienne. Nous avons constaté en effet, au cours des chapitres précédents, que l'activité statistique ne pouvait être dissociée de cette face cachée de l'opération de classement, qui repose sur l'interprétation des catégories sociales. Nous avons pu mesurer la diffusion de la représentation officielle des CS, tout en mettant en évidence des mécanismes cognitifs qui guident l'activité pratique de classement en s'éloignant sensiblement de la logique technique des critères. Ces mécanismes prennent, d'une part, appui sur la formation d'images typiques des catégories, qui doivent beaucoup au travail de représentation politique des groupes sociaux. D'autre part, ils reposent sur une capacité à l'interprétation qui s'ancre sur une construction personnalisée du milieu social traité comme un monde domestique familier. Cette capacité est inégalement mise en œuvre dans une activité de catégorisation sociale, car elle s'oppose à la définition technique de la tâche et à l'utilisation prédictive de variables standardisées qui, au regard des indices précédents, apparaissent plus objectives et plus officielles.

IV / La nomenclature de 1982 : les professions et catégories socioprofessionnelles (PCS)

La refonte de la nomenclature entreprise à l'occasion du recensement de 1982 ne visait pas à changer profondément les principes de celle de 1954, mais plutôt à les expliciter le plus clairement possible, et à en tirer parti pour l'élaboration et la présentation de la nouvelle classification [Desrosières, Goy et Thévenot, 1983]. Les principaux résultats de cette explicitation ont été présentés dans les trois chapitres précédents. Celui-ci va en montrer les conséquences sur la nomenclature PCS en 1982.

L'histoire des découpages socioprofessionnels utilisés depuis le XIXe siècle a montré que celui de 1954 résultait de la combinaison de trois logiques bien différentes : à la logique la plus ancienne des métiers s'étaient ajoutées successivement la distinction de statut entre salariés et patrons, puis les grilles d'emplois qualifiés hiérarchisés. Ces deux derniers aspects étaient pris en compte par deux questions fermées dans le questionnaire du recensement, mais, on l'a vu, la grille de classification des conventions collectives n'a été introduite qu'en 1962 et ne concernait alors que les ouvriers.

Le caractère composite de l'outil apparaissait encore nettement dans ses versions de 1954 à 1975 puisqu'une nomenclature spéciale de métiers (ou « activités individuelles ») était mise en œuvre pour coder la seule question *ouverte* : « quelle est votre profession ? » Elle comportait plusieurs centaines de postes, mais ne distinguait ni les salariés des patrons, ni les ouvriers qualifiés des non qualifiés. Elle était la lointaine descendante de la première strate historique rappelée ci-dessus, reflet d'une France artisanale. Le codage de la CSP était obtenu par *croisement* de la précédente avec le découpage résultant des questions *fermées* portant sur le statut (salarié ou non) et sur la qualification ouvrière. Ainsi la CSP apparaissait-elle comme d'une autre nature que le découpage en métiers.

Cependant, dans la mesure où il était souhaitable que la nouvelle taxinomie serve à décrire *à la fois* des comportements assez typés liés à des milieux sociaux, et des groupes d'emplois cohérents quant à la formation qu'ils requièrent, il est apparu nécessaire d'intégrer cette dualité de points de vue dans une architecture unifiée. Dans la nouvelle nomenclature PCS, trois niveaux sont en effet *emboîtés* les uns dans les autres. Le plus fin, celui des « professions », comporte 489 postes élémentaires, repérés par un code à quatre chiffres. A la différence du « code des métiers » antérieur, il regroupe des emplois relativement homogènes à la fois selon leur type d'activité, leur statut (salarié ou non) et la classification dans les grilles des conventions collectives. Ces postes peuvent être regroupés en trente-deux catégories socioprofessionnelles dans un code à deux chiffres qui est constitué par les deux premiers chiffres du code à quatre chiffres correspondant au niveau détaillé des professions élémentaires. Un regroupement d'un niveau plus élevé encore, en six grands groupes, est repéré par le premier chiffre de ce code. Les six groupes des PCS sont les suivants, assez proches de ceux de l'ancienne nomenclature des CSP indiqués au chapitre I. Les différences d'intitulés et de définitions seront détaillées dans ce chapitre.

— 1. « Agriculteurs exploitants ».

— 2. « Artisans, commerçants et chefs d'entreprise » (anciens « patrons de l'industrie et du commerce »).

— 3. « Cadres et professions intellectuelles supérieures » (anciens « cadres supérieurs et professions libérales » + « artistes »).

— 4. « Professions intermédiaires » (anciens « cadres moyens » + « contremaîtres » + « clergé »).

— 5. « Employés » (anciens « employés » + « personnes de service »).

— 6. « Ouvriers » (ancien « ouvriers » + « ouvriers agricoles »).

La procédure d'élaboration du nouveau système de nomenclatures des professions et catégories socioprofessionnelles

En 1978, l'INSEE a lancé l'opération de refonte des nomenclatures de professions et catégories socioprofessionnelles. A cette époque, commençaient à être disponibles le Répertoire français des emplois du CEREQ (Centre d'études et de recherches sur les qualifications), le Répertoire opérationnel des métiers emplois (ROME) de l'ANPE (Agence nationale pour l'emploi) et le Guide des métiers de l'ONISEP (Office national d'information sur les enseignements et les professions). Sur la base de cette information, complétée par d'autres sources plus monographiques, en particulier les études du CEE (Centre d'études de l'emploi), il était possible de refondre le système existant de nomenclatures, passablement vieilli et dispersé.

La consultation des différents partenaires concernés s'est déroulée en deux temps : d'abord, au sein d'un groupe administratif restreint ; puis auprès d'un groupe spécial du Conseil national de la statistique (CNS), ouvert à tous ses membres habituels et à d'autres personnes ou organismes convoqués pour certaines réunions spécialisées.

Le groupe administratif restreint était composé de représentants des ministères de l'Éducation, des Universités, du Travail, du commissariat général du Plan, du secrétariat d'État à la Fonction publique, du secrétariat général à la Formation permanente, de l'ONISEP, du CEREQ, de l'ANPE, de l'INSEE.

Le groupe du Conseil national de la statistique a permis d'élargir le champ des consultations aux syndicats professionnels, aux syndicats de salariés, et à divers organismes représentatifs (assemblées permanentes des chambres de métiers, de commerce et d'industrie, d'agriculture, etc.). La présentation finale de la nomenclature n'est apparue qu'assez tard : les consultations ne se sont pas faites selon l'ordre de cette présentation, mais par « domaines d'emplois » (emplois de la mécanique, de l'électricité-électronique, de la banque, de la santé, de la gestion générale, etc.). Cette notion permettait l'exploitation la plus facile de l'information disponible. La notion de « domaine d'emplois » ne recouvre pas la notion de secteur (un électricien peut travailler dans d'autres secteurs que la construction électrique...) [Simula, 1983], mais en pratique, sur de nombreux domaines les interlocuteurs les plus intéressés étaient les représentants des secteurs (ou « branches professionnelles ») correspondants.

Les participants à ces réunions changeaient donc suivant le sujet traité : confédérations (patronales ou de salariés) pour les discussions d'orientation ou les domaines « horizontaux » (emplois de gestion, emplois commerciaux...), fédérations ou syndicats sectoriels ou professionnels pour les domaines spécialisés. De plus, selon la manière dont les professions d'un domaine sont représentées, défendues, contrôlées, le nombre de participants variait. La réunion concernant les professions de la santé a rassemblé 90 personnes, alors que pour certains domaines il était difficile de trouver des interlocuteurs.

Ainsi, à chaque niveau de cette construction pyramidale, ont été maintenues, autant que faire se peut, tant la ressemblance relative entre les personnes appréhendées par leurs pratiques sociales, que l'homogénéité au regard du statut et des formations requises. Ce choix de conserver à l'outil son caractère composite, profitable aux divers usages ultérieurs, est étroitement lié à celui, déjà évoqué, d'intégrer les trois aspects du métier, du statut et de la qualification dans la construction d'un découpage unique. Ces deux choix étaient déjà implicites dans les outils utilisés entre 1954 et 1982, mais les conséquences n'en étaient pas entièrement tirées. En effet, à côté des CSP utilisées pour les travaux de synthèse sur les comportements sociaux, diverses autres nomenclatures plus ou moins indépendantes étaient mises en œuvre, dans les enquêtes auprès des entreprises et dans les prévisions d'emplois élaborées pour la planification [Desrosières, 1987]. En revanche, à partir de 1982, une version de la nomenclature PCS est utilisée pour les enquêtes sur les structures d'emploi effectuées auprès des entreprises. Elle comprend 350 postes (à partir des 489 postes élémentaires) adaptés aux découpages en usage dans celles-ci [INSEE, ministère des Affaires sociales, 1983].

On a insisté sur le fait que le travail de classement effectué par le statisticien est complètement différent selon qu'il dispose ou non, en amont, de codifications sociales préalables assurant l'inscription des occupations dans des grilles, des statuts, des réglementations, et permettant ainsi d'expliciter des *critères* de définition et de codage. La nomenclature résultant de ces travaux joue donc de deux façons bien différentes de caractériser des catégories sociales. Les unes (par exemple, les médecins ou les avocats), reposant sur des critères codifiés, peuvent être *définies* à l'aide de ceux-ci. Ces définitions prêtent peu à controverse et le travail de codage comporte peu de flou. Les autres (par exemple, les artistes), en revanche, regroupent des cas qui se ressemblent, mais qui ne sont pas déjà définis de manière tranchée à partir de telle ou telle réglementation. On ne peut alors les appréhender autrement que par une énumération de *cas* groupés autour d'un petit nombre de *cas typiques*, eux-mêmes entourés de *cas assimilés*, de *cas limites inclus* et de *cas limites exclus* (structure utilisée dans les documents présentant la nouvelle nomenclature : INSEE, 1983b). Ces caractérisations autour de bons exemples peuvent plus facilement être discutées, en particulier pour ce qui est de l'attribution des « cas limites » (inclus ou exclus), puisque ce sont ces cas limites qui permettent de préciser les contours de la catégorie en l'absence d'une définition critérielle.

Ainsi, on le voit, même les définitions des catégories sont composites. L'opposition présentée ici entre des catégories définies par des *critères*, et d'autres stylisées à partir de *cas typiques*, est elle-même cohérente avec les deux autres déjà évoquées (portant sur les strates historiques et sur les usages). La définition critérielle résulte directement des délimitations des *statuts* du salariat, puis des niveaux de qualification des conventions collectives, et est bien adaptée aux usages centrés sur des correspondances nécessaires entre formations et emplois. En revanche, les catégories définies par groupement de cas autour de cas typiques sont cohérentes avec une appréhension personnalisée des occupations à classer. Elles le sont aussi avec des usages en termes de « milieux sociaux » regroupant des personnes se ressemblant par une multiplicité de traits qu'il n'est pas toujours possible d'isoler en critères formels.

Une correspondance peut être ainsi dégagée entre les strates historiques combinées dans la nomenclature, ses logiques de construction (typique ou critérielle) et ses usages (description de milieux sociaux ou mise en relation entre formations et emplois). C'est elle qui va lui conférer une robustesse que les résultats de synthèse du chapitre V suggéreront. Nous allons préalablement présenter chacun des six grands groupes de façon un peu plus détaillée, en reprenant les trois points de vue ci-dessus, histoire, construction, usages possibles des découpages [Desrosières, Goy et Thévenot, 1983 ; Gollac et Seys, 1984 ; Seys, 1987], et en mentionnant également les principales différences avec l'ancienne nomenclature des CSP (tableau V) [Seys, 1984].

1. Les « agriculteurs exploitants » (groupe 1) : comment les distinguer entre eux ?

Ce groupe social est peut-être celui qui correspond le mieux à la première et plus ancienne des strates historiques

TABLEAU V. — CORRESPONDANCE ENTRE L'ANCIEN CODE DES CATÉGORIES SOCIOPROFESSIONNELLES (CSP) ET LA NOUVELLE NOMENCLATURE DES CATÉGORIES SOCIOPROFESSIONNELLES (PCS) (Population active en 1982)

Nouvelle nomenclature / *Ancien code*	*Population active*	*Agriculteurs exploitants*	*Artisans, commerçants, chefs d'entreprise*	*Cadres, professions intellectuelles supérieures*	*Professions intermédiaires*	*Employés*	*Ouvriers*	Dont : *ouvriers qualifiés*	*chauffeurs, manutention, transports*	*ouvriers non qualifiés*	*ouvriers agricoles*	*Chômeurs n'ayant jamais travaillé*
		1	2	3	4	5	6	62, 63	64, 65	67, 68	69	81
Population active	23 525	1 475	1 835	1 895	3 971	6 247	7 749	3 112	983	3 360	294	353
0. AGRICULTEURS EXPLOITANTS	1 448	1 442	6									
1. SALARIÉS AGRICOLES	304	13		1	13	4	272	6	1	7	258	1
2. PATRONS DE L'INDUSTRIE ET DU COMMERCE	1 737	17	1 643	14	38	14	12	6	1	5		
3. PROFESSIONS LIBÉRALES ET CADRES SUPÉRIEURS	1 810		83	1 331	361	26	5	3	1	2		3
4. CADRES MOYENS	3 254		9	375	2 364	426	69	46	8	15		11
5. EMPLOYÉS	4 677		25	84	408	3 598	512	117	222	170	3	49
6. OUVRIERS	8 266	2	21	34	603	562	6 765	2 918	724	3 092	31	281
dont :												
60. Contremaîtres	464				407	6	39	25	4	9		
61. Ouvriers qualifiés	3 292				139	65	3 039	2 542	61	434	3	28
63 à 68. Ouvriers spécialisés manœuvres, apprentis, marins, mineurs	4 510				57	491	3 687	351	659	2 649	28	253
7. PERSONNELS DE SERVICE	1 531		43	4	45	1 323	108	14	25	68		8
8. AUTRES CATÉGORIES	498		5	52	139	294	6	2	1	1	2	

Source : Recensement de 1982 [Seys, 1984].

décrites ci-dessus, celle des métiers au sens traditionnel. Sa représentation traditionnelle antérieure aux hiérarchies de l'industrie a empêché, pendant longtemps, d'en concevoir un découpage entre « gros » et « petits » agriculteurs. L'objection des spécialistes était significative : il n'y a pas de bon critère... La représentation du groupe était si solide qu'elle mettait en échec tout critère de différenciation interne.

Les activités agricoles ont cependant beaucoup évolué depuis le début des années cinquante. De plus en plus dépendantes des politiques publiques, nationales ou européennes, elles sont fréquemment inscrites dans des mesures réglementaires variées, définissant des types d'exploitations, des marchés, des produits, des aides. Aussi, de même qu'il a été possible de poser aux ouvriers une question liée aux classifications conventionnelles, on a pu introduire dans le recensement de 1982 des questions fermées sur la *surface* des exploitations et sur leur *orientation principale* (élevage, maraîchage, etc.), dans la mesure où ces informations avaient déjà une inscription juridique. Ainsi, par combinaison entre les réponses à ces deux questions, a-t-on pu définir trois catégories d'agriculteurs sur *grandes, moyennes* et *petites* exploitations.

L'établissement de ce découpage a été coûteux, en termes de négociations, et il a été difficile de le faire admettre aux spécialistes consultés. Ceux-ci arguaient de ce que le repérage rigoureux de la taille économique de l'exploitation nécessitait un lourd appareil de questions. La ventilation en trois catégories leur semblait arbitraire et de peu d'intérêt. Le compromis adopté s'appuie cependant sur la pratique des statisticiens agricoles dans leur mode de calcul de la taille d'une exploitation (par conversion en « équivalent hectares de blé ») et des limites entre catégories.

A l'usage, ce découpage s'est révélé pertinent, recoupant en particulier des distinctions par âge et niveau de diplôme des exploitants agricoles : parmi les gros agriculteurs, 26 % ont moins de 35 ans et 29 % sont titulaires d'un diplôme supérieur ou égal au CAP, alors que, parmi les petits, ces chiffres ne sont que de 17 % et 15 %. Les agriculteurs sur « moyenne exploitation » sont, de ces points de vue, dans des positions intermédiaires. De tels indicateurs sont liés à la rapide diminution du nombre des exploitations depuis les années cinquante et à leur concentration. Ainsi, les plus grandes d'entre elles, gérées par des exploitants plus jeunes et plus diplômés, se rapprochent du modèle industriel, et ce résultat justifie *a posteriori* le découpage mis en œuvre, malgré les résistances rencontrées.

2. Les « artisans, commerçants, et chefs d'entreprise » (groupe 2) : patrons et PDG

Le repérage de la position sociale des non-salariés pose deux problèmes centraux. Comment construire un indicateur de leur place dans une hiérarchie sociale, en l'absence des grilles instituées dont disposent les salariés ? Comment tracer avec le salariat une frontière, en tenant compte des transformations du sens de ces limites ?

La hiérarchie des positions ne peut être fondée sur une échelle de compétence technique associée à des formations scolaires, comme pour les salariés, mais doit reposer sur l'importance économique des entreprises : on a vu les difficultés de cette évaluation pour les agriculteurs. Pour les entreprises non agricoles, il faudrait pouvoir prendre en compte l'importance des équipements productifs, du capital commercial, et souvent aussi du réseau de relations sociales. Mais ces informations ne peuvent être recueillies dans des enquêtes courantes. On doit donc ici se limiter, d'une part, aux intitulés traditionnels de métiers, et, d'autre part, à la taille de l'entreprise, exprimée en effectifs salariés. Ainsi, l'artisanat et le commerce sont limités aux firmes de moins de dix salariés (alors que l'ancienne CSP « industriels » commençait à six salariés et l'ancienne CSP « gros commerçants » à trois salariés).

La limite entre salariat et non-salariat reste encore aujourd'hui souvent floue, mais cette incertitude n'est plus de même nature que celle des « isolés » du début du siècle. Elle est liée à l'extension de statuts proches du salariat à des cas naguère clairement non salariés : femmes ou membres de la famille du chef d'entreprise, PDG salariés, petits commerçants intégrés comme gérants dans des chaînes commerciales.

Les « aides familiaux » (le plus souvent des femmes) ont longtemps posé un problème aux statisticiens, qui hésitaient à les classer parmi la population active. C'est aujourd'hui la question de leur éventuel statut de salarié qui se pose, celui-ci pouvant sembler avoir un caractère formel, en particulier fiscal. L'affectation à l'une des trois positions d'« inactif », d'« actif non salarié » ou de « salarié », résulte en partie du mode de questionnement et du contexte social et juridique de l'entreprise.

A partir des années cinquante, les travailleurs à domicile sont devenus plus rares, et les petites entreprises familiales se sont souvent transformées en sociétés, ou ont été absorbées. Les enfants des petits patrons sont devenus cadres salariés, constituant la nouvelle classe moyenne. Mais ces transformations économiques et juridiques ont suscité une autre zone de flou : beaucoup de PDG ou de gérants de petites sociétés se déclarent salariés pour des raisons fiscales ou réglementaires, mais jouent un rôle de chef d'entreprise. Cette ambiguïté a, dans le passé, gonflé la CSP « cadres administratifs supérieurs » au détriment de celle des « patrons ». Une incertitude de même type se présente pour les gérants de supérettes intégrés dans des chaînes selon des modalités juridiques variées, intermédiaires entre salariat et non-salariat. De même, le revenu de certaines professions n'a pas, parfois, un statut clair : artistes, prêtres, personnels rétribués au pourboire. Certains médecins ont des revenus des deux types, sans que le revenu le plus élevé détermine à l'évidence le classement le plus pertinent.

Pour trancher dans ces incertitudes, les non-salariés non agricoles ont été classés en quatre catégories : artisans, commerçants, chefs d'entreprise (dont l'ensemble forme le groupe 2), et membres des professions libérales (associés au groupe 3, « cadres et professions intellectuelles supérieures »). Certaines de ces catégories contiennent quelques salariés (vétérinaires avec les professions libérales) et, surtout, des non-salariés subsistent dans les catégories de salariés (par exemple, des infirmières). Les dirigeants d'entreprise (PDG, directeur général de société anonyme, gérant de SARL) sont classés parmi les indépendants, même s'ils se déclarent salariés, de même que les médecins ayant une double activité, libérale et salariée. Ainsi un quart de la nouvelle PCS 23 « chefs d'entreprise de dix salariés et plus » est constitué d'anciens « cadres administratifs supérieurs ». C'est la raison pour laquelle on a préféré le terme d'« indépendant » à celui de « non-salarié ».

Les artisans et les commerçants constituent la marque la plus visible de l'ancien secteur des métiers, caractérisé par une transmission familiale du patrimoine et par l'apprentissage direct des savoir-faire par contact avec le patron, même si, aujourd'hui les formations en alternance partagent les temps d'apprentissage entre l'entreprise et l'école. A la différence de ce qui a été montré ci-dessus pour les agriculteurs, les artisans et commerçants (à la tête d'entreprises de moins de dix salariés) sont plus jeunes que les chefs d'entreprise de dix salariés ou plus [Seys, 1987]. Ils sont aussi plus souvent enfants d'ouvriers, alors que les chefs de plus grosses entreprises sont plutôt eux-mêmes enfants de patrons (c'est le cas pour 50 % des hommes chefs d'entreprise de dix salariés ou plus). Cela montre que l'ascension sociale par la hiérarchie du salariat n'est pas la seule possible pour les ouvriers et leurs enfants : la mise à son compte par création ou reprise d'une petite entreprise artisanale ou commerciale en constitue une autre [Zarca, 1987 ; Mayer, 1985]. Il semble en particulier que, dans la période récente où la régulation de type taylorien et fordien, fondée sur la grande production en série et les statuts salariés bien garantis, traverse une forte crise, ces petites entreprises souvent gérées selon d'autres logiques, affrontent mieux la crise économique. Elles ne constituent pas seulement une survivance historique qui subsisterait comme trace d'un passé lointain.

3. Les « cadres et professions intellectuelles supérieures » (groupe 3)

On a décrit dans le chapitre II les débats qui ont entouré l'apparition et la définition du groupe des cadres, depuis les années trente. Le parti a été clairement pris, en 1982, de rapprocher autant que possible leur définition de l'appartenance au troisième collège (cadres) des conventions collectives (dans les entreprises), ou de la catégorie A (dans la fonction publique). Le point commun à ces deux définitions est que les cadres doivent, en principe, avoir une formation de niveau supérieur (grande école ou Université) ou une expérience professionnelle équivalente. Cette définition très générale permet d'inclure dans ce groupe les « professions libérales » (non-salariés) et, nouveauté pour la nomenclature PCS, les « professions de l'information, des arts et des spectacles », c'est-à-dire les journalistes et les artistes. Ainsi, c'est la classification des conventions collectives qui sert désormais à définir les cadres d'entreprise, excluant les « assimilés cadres », personnes qui cotisent à une caisse de retraite de cadres sans pour autant appartenir au troisième collège. A la suite de la mise en œuvre de ce critère, 20 % de la nouvelle PCS 3 « cadres, professions intellectuelles supérieures » sont composés d'occupations classées antérieurement en CSP « cadres moyens », « techniciens » et « employés ». Inversement 20 % de l'ancienne CSP « professions libérales et cadres supérieures » sont reversés dans la nouvelle PCS 4 « professions intermédiaires ». Enfin, on a exclu aussi du groupe 3 les PDG salariés, classés avec les chefs d'entreprise dans le groupe 2.

Une nette distinction entre *fonction publique* et *entreprises* a été réintroduite en 1982 : elle figurait déjà en 1954, mais avait disparu entre 1962 et 1975. Elle tient son efficacité de ce qu'elle recouvre des différences de stabilité des emplois, de recrutement, d'origines sociales et scolaires, de rémunération, ainsi que des divergences d'opinions politiques [Boltanski, 1982, p. 305-371]. Cette distinction ne recouvre pas exactement un découpage entre *public* et *privé* du fait de la nature des entreprises nationalisées et du nombre des établissements parapublics. On a choisi une définition restrictive mais opératoire du « public » : celle de la fonction publique (État et collectivités locales), à l'exclusion de la Sécurité sociale, de la SNCF, d'EDF et des autres entreprises nationalisées. Les catégories du pôle « fonction publique » se révèlent constituées le plus souvent de femmes et de diplômés que celles du pôle « entreprises ». Les salaires moyens sont nettement inférieurs dans les premières, mais la sécurité de l'emploi y est plus grande. La correspondance plus stricte entre formations et classifications explique en partie que les femmes soient moins désavantagées dans la fonction publique que dans les entreprises.

Diverses informations figurant sur le bulletin du recensement permettent d'éclairer la structure interne de l'univers des cadres de la fonction publique et des entreprises. Ainsi le grade et la catégorie (A, B, C ou D) fondent la distinction entre les « cadres de la fonction publique » (catégorie A), et les « professions intermédiaires administratives » de la fonction publique (catégorie B). Grâce à l'utilisation de ce critère, 20 % de la nouvelle PCS « cadres de la fonction publique » sont constitués d'occupations classées auparavant dans les CSP « cadres moyens » et « employés ». Dans les entreprises, la *taille de l'entreprise* et la *fonction* permettent de différencier les emplois de cadres, au niveau des 489 professions détaillées. Ainsi, les « cadres de PME » (moins de 500 salariés) sont distingués des « cadres de grande entreprise ». Parmi les fonctions, on isole les cadres d'« état-major », ceux de « production, fabrication, chantiers », ceux occupant des fonctions « commerciales ou technico-commerciales ». La mise en œuvre de ces découpages dans les enquêtes « Formation et qualification professionnelle » de l'INSEE a montré la pertinence de ces découpages, en opposant par exemple les ingénieurs de fabrication, souvent autodidactes, qui ont des tâches de responsabilité sur le personnel ouvrier, et les ingénieurs diplômés de grandes écoles occupant d'emblée des positions de gestion [Boltanski, 1982].

Les commentaires qui précèdent concernent trois des six catégories du groupe 3, celles que, dans le langage courant, dans celui des conventions collectives, ou dans les statuts de la fonction publique, on qualifie usuellement de « cadres » soit : les « cadres de la fonction publique » (PCS 33), les « cadres administratifs et commerciaux d'entreprise » (PCS 37) et les « ingénieurs et cadres techniques d'entreprise » (PCS 38). C'est d'ailleurs pour cette raison que l'on a réservé le mot « cadre » au groupe 3, en désignant le groupe 4 par le terme « professions intermédiaires », alors que, dans la nomenclature utilisée auparavant depuis 1954, ces deux groupes étaient appelés respectivement « cadres supérieurs » et « cadres moyens ». Cela présentait l'inconvénient que ce dernier groupe, incluant les techniciens, les comptables, les instituteurs ou les infirmières, ne comprenait que très peu de cadres au sens usuel.

A ce groupe 3, centré sur les cadres, on a adjoint trois autres catégories de « professions intellectuelles supérieures » : les « professions libérales », les « professeurs et professions scientifiques » et les « professions de l'information, des arts et du spectacle », auquel le terme « cadre » n'est pas couramment appliqué.

Les titulaires de « professions libérales » (PCS 31) sont des « indépendants exerçant une profession qui exige une instruction supérieure du niveau de celle des cadres ». Cela inclut les professions supérieures de la santé (mais non les infirmières ou les kinésithérapeutes libéraux), des professions d'expertise en conseil de niveau ingénieur ou cadre, et les professions juridiques. Nombre de ces professions ont des définitions bien instituées et peuvent être codées sans ambiguïté. Elles exercent souvent un contrôle assez étroit sur leurs effectifs, par l'exigence stricte d'un diplôme, la réglementation des conditions d'installation, ou par cooptation directe [Arliaud, 1987].

Les « professeurs et professions scientifiques » (PCS 34) regroupent les enseignants certifiés et agrégés des enseignements secondaire et supérieur, les personnels d'inspection, les chercheurs relevant de la recherche publique, et les médecins et pharmaciens salariés. C'est une des catégories pour lesquelles les définitions sont les moins ambiguës, puisque tous ces personnels relèvent de statuts précis. De toutes les catégories du groupe 3, c'est celle qui inclut le plus de femmes (45 %), et de diplômés du supérieur (89 %).

Enfin, la catégorie des « professions de l'information, des arts et des spectacles » (PCS 35) a été créée de toute pièce en 1982. Elle est structurée autour de deux pôles tout à fait distincts, l'art et l'information. Cependant, le développement des positions intermédiaires, caractéristiques de la place prise par la presse, la radio et la télévision dans la production culturelle (et même parfois scientifique) a conduit, ainsi que l'effectif assez faible de ces deux pôles, à leur regroupement. On a cherché en effet, pour tracer les lignes de partage entre rubriques, à ne pas « trancher dans le vif », c'est-à-dire dans les zones de flou caractéristiques des points où la structure sociale « travaille ». Parmi cette nouvelle PCS, 38 % étaient classés auparavant dans la CSP « artiste », 32 % dans la CSP « instituteurs ; professions intellectuelles diverses » (notamment les journalistes).

4. Les « professions intermédiaires » (groupe 4)

La définition des « classes moyennes », ou « petites bourgeoises » est, depuis un demi-siècle, un enjeu important pour les débats politiques et pour les sociologues. Les liens entre les définitions théoriques et les comptages statistiques sont ici très lâches : les spécialistes de la définition de ces couches sociales font souvent suivre l'exposé des critères unificateurs abstraits de plaintes à propos de leur mise en œuvre et de l'hétérogénéité des résultats.

Comme la précédente, la nomenclature PCS de 1982 distingue un groupe 4, principalement salarié, placé entre le groupe 3 (cadres) d'une part, et, d'autre part, les groupes 5 (employés) et 6 (ouvriers). Les analystes des « couches moyennes salariées » s'appuient sur ce groupe, en débordant parfois vers les groupes 3 et 5 [Thévenot, 1983c]. En revanche, les tenants d'un espace social polarisé autour de la bourgeoisie et du prolétariat le considèrent comme un fourre-tout sans identité, qui ne trouve son intérêt qu'en rendant plus purs les agrégats et l'opposition précédente.

L'appellation nouvelle donnée à ce groupe (« professions intermédiaires » au lieu de « cadres moyens ») joue sur les deux sens du mot : il désigne des positions intermédiaires en même temps que des positions d'intermédiaires. Ce ne sont pas seulement des emplois *moyens* en ce que leurs occupants auraient des propriétés moyennes par rapport aux autres salariés, comme le suggèrent les échelles de stratification. Ces professions impliquent aussi la mise en œuvre d'une compétence constituée plutôt par les agents du groupe 3 (cadres), qui œuvrent à la justification de cette compétence. Les occupations du groupe 4 supposent souvent d'opérer des mises en ordre, de rendre des décisions exécutoires, et donc de gérer les tensions sociales propres à cette exécution. La formation scolaire joue souvent un rôle important pour assurer ces positions, en particulier dans le secteur public, et il en résulte des proximités sociales (modes de vie, mariages, votes...) qui les opposent aux indépendants. Depuis trente ans, ces professions sont occupées par des personnes plus jeunes, ayant suivi une scolarité générale plus longue, et les femmes y sont beaucoup plus nombreuses. Les taux de féminisation distinguent d'ailleurs nettement les professions homologues des groupes 3 et 4 (professeurs et instituteurs, médecins et infirmières..). Tout cela a contribué à en modifier largement la physionomie, et a été pris en compte pour élaborer la nouvelle nomenclature [Thévenot, 1983b].

Le découpage des salariés du privé suit désormais, beaucoup plus nettement qu'auparavant, celui des conventions collectives : c'est le « deuxième collège » (employés, techniciens, agents de maîtrise : ETAM) qui fournit pour l'essentiel les définitions et les limites des groupes des professions intermédiaires et des employés. Cela implique que les « contremaîtres » sont désormais inclus dans le groupe 4, alors qu'ils étaient auparavant rattachés aux ouvriers. Le « clergé » dans son ensemble y a été inclus, et les professions intermédiaires administratives ont été subdivisées entre *fonction publique* et *entreprises*, ce qui porte à sept le nombre de catégories du groupe (au lieu de quatre auparavant).

Ces catégories s'ordonnent assez clairement autour de deux pôles, déjà repérables dans l'ancienne nomenclature [Thévenot, 1984] et opposés à maints égards : d'une part, les trois catégories liées à la fonction publique (« instituteurs et assimilés », « professions intermédiaires de la santé et du travail social », « professions intermédiaires administratives de la fonction publique ») ; d'autre part, les trois catégories liées aux entreprises (« professions intermédiaires administratives et commerciales des entreprises », « techniciens », « contremaîtres, agents de maîtrise »). Les catégories du premier pôle s'opposent très systématiquement à celles du second sous au moins quatre aspects. Elles sont beaucoup plus féminines, plus diplômées, les salaires moyens y sont nettement moins élevés, et leurs membres sont moins souvent issus de la classe ouvrière (voir tableau VI pages 92 et 93).

Les « instituteurs et assimilés » (PCS 42) constituent le quart du groupe 4. Ils sont, pour les neuf dixièmes d'entre eux, enseignants. Dans ce cas, la catégorie est bien définie à la fois de façon critérielle (il y a peu d'ambiguïté sur le statut) et typique (l'image de l'instituteur est bien constituée). Les professeurs d'enseignement général des collèges (PEGC), bien qu'ils appartiennent au cadre A de la fonction publique, sont classés dans cette catégorie. Ainsi, sur 759 000 membres en 1982, 362 000 enseignaient dans le primaire, 302 000 dans les collèges et 95 000 étaient des formateurs ou moniteurs sportifs. Par ailleurs, les instituteurs du primaire sont, pour 74 %, des femmes, et les professeurs de collège le sont pour 56 % d'entre eux, ce qui n'est plus conforme à l'image du maître à blouse grise de la IIIe République.

Les « professions intermédiaires de la santé et du travail social » (PCS 43) rassemblent pour moitié des infirmiers (dont 86 % de femmes), pour un quart des professions paramédicales (kinésithérapeutes, orthophonistes...) et un quart, des professions sociales (assistantes sociales, éducateurs spécialisés...). Parmi eux, 8 % des infirmiers et 25 % des paramédicaux sont *à leur compte*. Ils relèvent alors de définitions réglementaires précises. Les conflits de compétence les opposant aux médecins prennent souvent une tournure juridique. Ces professions étaient dispersées dans l'ancienne nomenclature des CSP, et la nouvelle PCS 43 comprend 16 % d'« instituteurs, professions intellectuelles diverses » et 9 % de « techniens » de l'ancienne CSP.

Les « professions intermédiaires administratives de la fonction publique » (PCS 45) sont les agents du cadre B de l'État et des collectivités locales : contrôleurs, secrétaires de mairie, rédacteurs. Elles sont plus féminisées et plus diplômées que celles des entreprises. On leur adjoint les inspecteurs de police et les adjudants.

Les membres des « professions intermédiaires administratives et commerciales des entreprises » (PCS 46) travaillent pour 72 % dans le tertiaire (commerce, transports, services). Cette catégorie est constituée autour de deux noyaux. Les professions *commerciales* sont formées de 300 000 représentants, VRP ou agents commerciaux. Les professions *administratives* (techniciens et agents de maîtrise comptables ou d'administration générale, gradés des banques, secrétaires de direction) regroupent 360 000 emplois, plus souvent féminins et plus diplômés que ceux des professions commerciales. S'y ajoutent 71 000 assistants techniques de l'art, des spectacles, de la communication et de la publicité, un ensemble en croissance rapide.

Les deux catégories de « techniciens » (PCS 47) et « contremaîtres, agents de maîtrise » (PCS 48) ont en commun d'être très masculines (respectivement à 91 % et 94 %), mais elles s'opposent nettement par ailleurs par le fait que les premiers sont beaucoup plus jeunes et plus diplômés que les seconds : 50 % des techniciens ont moins de 35 ans et 48 % ont un diplôme supérieur ou égal au baccalauréat, au lieu de respectivement 23 % et 19 % pour les contremaîtres. Les premiers sont en général directement issus de l'école, tandis que les seconds sont plus souvent d'anciens ouvriers. Cette différence nette entre les contremaîtres et les autres professions intermédiaires montre que le choix de les classer avec ce groupe ou avec celui des ouvriers reste problématique, aucune solution n'étant pleinement satisfaisante. Les précédentes nomenclatures optaient pour le second choix, et c'est pour rester cohérent avec les grilles conventionnelles que l'on a choisi le premier en 1982.

Les distinctions entre les deux pôles du groupe 4 peuvent être rapportées à leurs relations avec l'État, non seulement parce que les membres des catégories du pôle « fonction publique » sont des agents de l'État, mais aussi parce qu'ils sont constitués en corps et en professions dont l'identité est assurée par l'État. L'exemple le plus net est celui des professions de la santé et du travail social : lors de la fabrication de la nomenclature, leur place, parce qu'elle était officielle, a été un enjeu important pour leurs représentants (cf. ci-dessus, chapitre III).

Enfin, le groupe 4 inclut le « clergé » (PCS 44). Cette assimilation n'est pas très satisfaisante, mais résulte du souci de redistribuer un groupe « fourre-tout » de l'ancienne nomenclature. Celui-ci rassemblait des professions jugées inclassables, les artistes, le clergé, l'armée et la police, dans un singulier collage surréaliste, inventé non sans humour par le créateur de la première nomenclature, Jean Porte.

5. Un groupe féminin : les « employés » (groupe 5)

Les utilisateurs des anciennes nomenclatures ont souvent observé qu'il était difficile de caractériser le groupe des employés et de le différencier des autres [Baudelot, Establet, Toiser, 1979]. Si l'on peut décrire des comportements spécifiques pour les cadres, les ouvriers ou les petits patrons, les « employés » semblent se dérober à une telle description. Cela vient de ce que, encore aujourd'hui, l'image sociale d'un ménage est fournie surtout par la profession de l'homme, alors même que celle de la femme peut jouer un grand rôle, notamment dans l'éducation des enfants. Or le groupe des « employés » est très largement féminisé et les modifications apportées en 1982 ont encore accentué ce trait. Ont été en effet reclassées dans les « professions intermédiaires » ou les « ouvriers » des occupations plutôt masculines : représentants, gérants de magasins à succursales multiples dans un cas, magasiniers, bouchers et charcutiers salariés dans l'autre. Du coup, plus des trois quarts des membres du groupe 5 sont des femmes, la seule catégorie masculine restant les « policiers et militaires » (PCS 53) (de grade inférieur aux adjudants) qui constituent un milieu fortement typé, et qui étaient auparavant étrangement associés au clergé et aux artistes.

Un autre reclassement a contribué à grossir ce groupe des « personnels des services directs aux particuliers » (PCS 56) (féminins pour 84 %) qui comprennent non seulement les employés des services domestiques, mais aussi les employés des hôtels, cafés, restaurants, les coiffeurs salariés, les gardiennes d'enfants.

Comme dans les deux groupes précédents, on a distingué les employés de la *fonction publique* de ceux des *entreprises*, dans l'idée que les contraintes de travail, les possibilités de promotion, les opinions ou les comportements syndicaux et politiques de ces deux catégories d'employés sont distincts. Les deux catégories « employés civils, agents de service de la fonction publique » (PCS 52) et « employés administratifs d'entreprises » (PCS 54) présentent une différence, du point de vue des diplômes, qui va à l'inverse de celle observée pour les groupes supérieurs. En effet, 10 % des employés de la fonction publique et 23 % de ceux des entreprises sont bacheliers. En revanche, au niveau des professions intermédiaires, ces taux sont respectivement de 46 % et 37 %. Les employés de la fonction publique incluent en effet des agents de service, des aides soignants, dont les homologues dans les entreprises sont plutôt classés ouvriers. Mais cet écart tient aussi aux différences de gestion des classifications entre fonction publique et entreprises. Dans la fonction publique, les liens entre diplômes et grades sont plus étroits, les diplômés y sont donc plus fréquemment classés en « professions intermédiaires ». C'est pourquoi l'écart entre les taux de bacheliers des deux niveaux « professions intermédiaires » et « employés » y est élevé : 46 % et 10 %. Dans les entreprises, en revanche, la frontière entre ces deux groupes est moins nette, et du coup, l'écart des taux de bacheliers entre les deux niveaux est plus faible : 37 % et 23 %. Dans les PME, les limites entre les divers étages des hiérarchies statutaires sont moins marquées encore que dans les administrations et les grandes entreprises.

Les « employés de commerce » (PCS 55) ont en commun avec les employés administratifs d'entreprises d'être très jeunes et, le plus souvent, des femmes. Mais ils s'en distinguent par un faible taux de bacheliers (8 %) et par un salaire plus faible. Ils travaillent en général dans de petites entreprises.

6. Le groupe « ouvriers » (groupe 6) et ses composantes

Nous avons rappelé, au chapitre I, la formation progressive d'une « classe ouvrière », dans les années 1830, englobant, d'une part, les ouvriers de métier et compagnons de l'artisanat traditionnel et, d'autre part, les journaliers, manœuvres et hommes de peine. Cette opération taxinomique, liée aux insurrections de 1832 et 1834 [Sewell, 1983], est à l'origine de la « classe ouvrière », que toute la tradition du mouvement ouvrier allait conduire à envisager comme un groupe doté d'une place spécifique dans les rapports de production et d'une conscience de classe qui, de Marx à Halbwachs, réunit les individus qui la composent.

L'apparition d'un tel groupe, dans des circonstances bien précises (de même que les cadres apparaîtront tout juste un siècle plus tard), distingue celui-ci clairement du « peuple » de la Révolution française, dont les contours étaient tout différents. Elle est bien sûr liée au développement d'un salariat industriel, à ses conditions de vie en milieu urbain et aux luttes qui se développent alors et nécessitent une unification politique du groupe. Celle-ci se fait autour de quelques figures typiques, dont la principale est celle de l'ouvrier du textile, puis de la métallurgie à la fin du XIXe siècle, travaillant dans des grandes entreprises organisées avec une division du travail de plus en plus poussée.

On a décrit comment l'identification par métiers avait laissé place à des échelles de qualifications conventionnelles, issues des catégories Parodi de 1945, puis des négociations des années soixante-dix. Même si le passage entre ces deux façons de construire le monde ouvrier peut être décrit comme un processus historique, celles-ci reflètent néanmoins des logiques bien distinctes que l'on a suggérées dans les chapitres précédents, et dont la nomenclature porte la trace. Les mutations de l'organisation du travail, des rapports politiques entre les personnes et des taxinomies sociales vont de pair.

Ainsi, au métier, lié à un apprentissage et donc à une personnification, se substitue l'emploi, défini par le découpage standardisé d'une chaîne de production. Des organisations du travail se sont développées qui nécessitaient moins d'ouvriers de métier au sens ancien, et ceux qui restent sont souvent affectés à l'entretien. En revanche, la classification d'« ouvrier qualifié » peut correspondre maintenant à des emplois d'autres types, sur des équipements automatiques (surveillants opérateurs), ou encore dans des situations intermédiaires entre OS et OQ (d'« ouvriers spécialisés-qualifiés ») [d'Hugues, Petit, Rérat, 1973]. Ce dernier cas peut correspondre au souci de maintenir le salaire à la suite d'une réorganisation impliquant une simplification des tâches, ou encore à une progression résultant de luttes d'ouvriers spécialisés pour une amélioration de leur situation, au moins en termes de salaires. Celles-ci ont été fréquentes dans les années soixante-dix, par exemple dans l'automobile.

La définition de la qualification a fait alors l'objet de vifs débats et d'importantes négociations, dont le prototype est celle qui a conduit à l'accord de juillet 1975 entre l'Union des industries métallurgiques et minières (UIMM) et certains syndicats ouvriers, accord qui a servi de modèle aux autres branches. A ce moment, les patrons souhaitaient ne classer que les fonctions exercées, et non les travailleurs les occupant. Les syndicats, en revanche, voulaient lier la qualification au savoir-faire, à la formation et à l'expérience des individus, même si ces qualités n'étaient pas utilisées dans l'entreprise. L'accord s'est fait sur des catégories en principe homogènes par rapport à quatre critères (type d'activité, autonomie, responsabilités, connaissances requises) [Cézard, 1979].

C'est ce type de distinction qui conduit aux découpages entre ouvriers qualifiés et non qualifiés qu'enregistre la nomenclature de 1982, à travers la question fermée du recensement sur les classifications. Mais les changements des modes de gestion de la main-d'œuvre sont très inégalement opérés selon les secteurs ou les tailles des entreprises [Eymard-Duvernay, 1981]. Dans les petites entreprises, les métiers sont gérés de façon plus familiale et moins formalisée. Pour cette raison, la nomenclature propose, en plus du découpage majeur par qualification, des distinctions plus fines entre « ouvriers de type industriel » et « de type artisanal » (ainsi que des rubriques spéciales pour les « chauffeurs » et les « ouvriers qualifiés de la manutention, du magasinage et du transport »).

Cette distinction est faite aux deux niveaux des « qualifiés » (PCS 62 et 63) et des « non-qualifiés » (PCS 67 et 68). On ne pouvait, dans la plupart des enquêtes, connaître directement le caractère artisanal de l'entreprise ni même sa taille. Ce sont les appellations d'occupation les plus fréquemment rencontrées dans les enquêtes qui ont été classées en s'appuyant à la fois sur leurs fréquences relatives dans les entreprises des diverses tailles et sur leur mode de reproduction. Les métiers qualifiés « de type artisanal » relèvent plus souvent de l'apprentissage personnel, tandis que les emplois correspondants « de type industriel » sont plus liés à l'enseignement technique.

Deux catégories nouvelles d'ouvriers qualifiés ont été créées en 1982. Les « chauffeurs » (PCS 64) étaient auparavant classés avec les OS (dont ils constituaient près du quart parmi les hommes). Mais leur image correspond rarement à ce que suggère l'intitulé « ouvrier spécialisé ». Leurs salaires et la part de diplômés du technique les rapprochent des ouvriers qualifiés. Par ailleurs, les « ouvriers qualifiés de la manutention, du magasinage et du transport » (PCS 65) groupent des grutiers, dockers, caristes, magasiniers, conducteurs de train ou de métro, matelots, qui se distinguent des ouvriers qualifiés d'entretien ou de fabrication. La moitié de cette catégorie (les magasiniers) était antérieurement classée dans la CSP « employés de bureau ».

Parmi les ouvriers non qualifiés, ceux de type industriel constituent la catégorie ouvrière comprenant le plus de femmes (37 %). Les étrangers en constituent 16 %. Ils travaillent surtout dans les industries métallurgiques et textiles, et dans la manutention et l'emballage. Ceux de type artisanal, en revanche, se trouvent plutôt dans le bâtiment et dans le nettoyage, dans de petites entreprises, et forment la catégorie comptant le plus d'étrangers (22 %). Les conditions de travail des ouvriers de ces deux pôles sont très différentes, en particulier quant à la façon de réguler les rythmes de travail [Kramarz, 1986].

Les ouvriers agricoles constituaient, dans les nomenclatures antérieures, un groupe à part, dont l'effectif a beaucoup diminué depuis les années cinquante. Ils sont désormais une catégorie au sein du groupe ouvrier (PCS 69). Leurs salaires sont très faibles, leurs horaires de travail sont les plus longs de tous les ouvriers, et ils sont très souvent étrangers.

Le système expert d'aide informatisée à la codification

Les enseignements des travaux sur les nomenclatures ont été mis à profit pour la réalisation des documents de chiffrement, notamment pour une présentation mixte des rubriques reposant à la fois sur des critères (statut, qualification professionnelle, fonction, nombre de salariés, etc.) et sur la proximité concentrique à un noyau de cas typiques avec mention des cas limites inclus et exclus [INSEE, 1983a ; INSEE, 1983d]. Nous nous sommes aussi inspirés de ces enseignements dans la conception d'un système expert d'aide informatique au chiffrement, mis en œuvre pour le recensement de la population de 1982. Ce système « Colibri » se différencie de ceux utilisés précédemment en ce qu'il laisse une grande place à l'interaction avec le codeur sur écran, tout en utilisant une volumineuse base d'appellations d'occupation et un ensemble lourd de tables de décisions qui permettent, dans de nombreux cas, un chiffrement automatique. Même dans ces cas, l'opératrice peut savoir l'information qui a été utilisée pour l'affectation d'un code, les mots reconnus dans l'appellation et les variables complémentaires prises en compte. Lorsqu'il y a doute, le système envoie des messages et c'est l'opérateur qui doit choisir entre les diverses solutions proposées. Son choix peut conduire directement à une rubrique de la nomenclature ou relancer l'application automatique d'une suite de règles. Ainsi, dans l'exemple des appellations équivoques « agent d'entretien » ou « ouvrier d'entretien », les codes indiqués après « entrez » sont soit un numéro de rubrique (C-5632), soit de nouvelles tables de décisions (T-....) :

- Nettoyage de locaux

— locaux industriels et collectifs — entrez T-91Y3
— chez des particuliers — entrez C-5632

- Entretien de matériel, de machines, d'installations

— électriques, électroniques — entrez T-02T4
— mécaniques — entrez T-01T3
— plomberie, menuiserie, peinture, etc. — entrez T-47U2

- Entretien des voies — entrez T-44T2

V / Efficacité de la nomenclature et cumul des connaissances

L'usage d'une nomenclature socioprofessionnelle pour l'analyse des résultats des enquêtes suscite parfois les réticences de certains, qui lui reprochent essentiellement deux choses : son caractère « hétéroclite », et les incertitudes de son codage liées à l'usage d'appellations d'occupation. Nous avons, dans les chapitres précédents, envisagé ces deux aspects comme objets centraux de notre étude. Le premier, la structure composite de l'outil, est lié au fait que, dans notre société, les principes de relation et de mise en équivalence entre les personnes sont multiples. A vouloir les ramener à l'un d'entre eux, en traitant les autres comme insignifiants, on s'interdirait de comprendre une partie des régularités sociales observées. Par ailleurs, nous avons vu comment les incertitudes de l'identification et du codage, loin d'être un pur obstacle à l'analyse scientifique du monde social, fournissent au contraire un éclairage précieux et méconnu sur la genèse, la nature et la consistance des « classes sociales » : on a trop souvent débattu de celles-ci, dans le passé, sans entrer dans la diversité des principes d'association qui pouvaient les fonder.

Mais l'insistance mise ainsi sur les circonstances historiques de la genèse des catégories, et sur les variations des déclarations de profession et de leur chiffrement, pourrait conduire au scepticisme et au relativisme qui accueillent souvent maintenant les travaux des sciences sociales quantitatives, après leur grande vogue des années cinquante-soixante

[Cicourel, 1964]. Or, il se trouve que, malgré les apparentes incertitudes analysées ci-dessus, les nombreux travaux mettant en œuvre, depuis 1950, la nomenclature socioprofessionnelle, et portant sur des aspects très variés de la vie sociale, montrent des régularités remarquables, non seulement dans les résultats empiriques de chaque enquête, mais aussi dans la configuration d'ensemble de la structure sociale que chacune révèle. On en trouve trace, par exemple, dans la série des six éditions des *Données sociales* de l'INSEE, publiées entre 1973 et 1987, ainsi que dans des ouvrages comme *Le Partage des bénéfices* [Darras, 1966] ou *La Distinction* [Bourdieu, 1979].

C'est sur ces régularités, déjà maintes fois présentées [Desrosières et Thévenot, 1979], que nous voudrions maintenant revenir, en les interprétant dans l'optique adoptée ici. On montrera comment celle-ci n'invalide pas les recherches objectivantes des sciences sociales quantitatives, mais resitue ces techniques dans un ensemble plus vaste de modes de connaissances dont la diversité est liée à celle des principes de liens et d'équivalence entre les personnes. Cette diversité est incluse à l'intérieur même des méthodes d'enregistrement et de tri, puisque, selon les cas, l'unité statistique enquêtée et tabulée est l'*individu* ou le *ménage*. Une telle distinction est homologue de celles entre emplois ou métiers, entre critérialité ou typicité, et entre les analyses respectives de la liaison formation-emploi ou des milieux sociaux, et renvoie aux deux formes déjà évoquées de construction du lien social.

Certaines enquêtes sont en effet centrées sur le « ménage », c'est-à-dire l'ensemble des personnes qui vivent dans un même logement et ont en général un même budget. Ces personnes constituent en général une famille, mais les domestiques, s'ils habitent le même logement, sont inclus dans le ménage. L'identification du « milieu social » du ménage n'a posé, pendant longtemps, aucun problème. Elle était faite à partir de la profession du « chef de ménage », c'est-à-dire du père de famille, ou, à défaut, de la femme, si celle-ci était célibataire, veuve ou divorcée. La notion de « milieu social » était attachée implicitement à une proximité d'habitat, de mode de vie, de morale. Les recherches centrées sur le ménage sont celles qui ont trait à l'épargne, aux dépenses, au mode de vie, à la démographie, c'est-à-dire à ce qui fait la pérennité domestique.

Or, il se trouve que, pendant près de quarante ans, les sciences sociales françaises (démographie, économie, sociologie, sciences politiques...) ont largement utilisé la notion de « milieu social », en l'identifiant à la CS du chef de ménage, avec la grille proposée par l'INSEE vers 1950. Dans les pays anglo-saxons, le « milieu social » était moins clairement assimilé à l'occupation professionnelle et était une notion plus composite où intervenaient le revenu, le type d'habitat, le mode de vie, et dont la profession n'était qu'une composante. Cette particularité de la France peut sans doute être reliée à la combinaison de deux traits déjà évoqués. Le premier est l'influence marquée qu'ont eue, depuis l'Ancien Régime et malgré l'abolition des corporations en 1791, les traditions de solidarité de métier, longtemps visibles, par exemple dans l'histoire du mouvement syndical français. Le second est la caution apportée par l'État, pour assurer la consistance des définitions professionnelles à chaque étape de leurs développements.

Ainsi, il est significatif que l'usage généralisé de la grille socioprofessionnelle de l'INSEE, par des organismes publics et privés très divers qui en font l'outil majeur de tri et d'interprétation des données empiriques d'enquête, n'a à peu près jamais suscité de polémiques d'aucune sorte, alors que l'idée de « classe sociale » faisait, elle, l'objet d'âpres débats [Briand, Chapoulie, 1985]. L'auteur de la nomenclature, Jean Porte, est aussi celui du mot, un peu lourd et jargonnant de « catégorie socioprofessionnelle », devenu depuis d'usage courant. Interrogé beaucoup plus tard sur ce choix, de préférence à celui de « catégorie sociale », en apparence plus simple, il répondait non sans humour : « Si nous avions choisi ce mot, nous aurions été critiqués par tout le monde. La gauche aurait estimé que ce n'était pas de vraies classes sociales, et la droite aurait crié au contraire que c'était des classes sociales. Tandis qu'avec "socioprofessionnel", personne n'a rien dit. »

TABLEAU VI. — LES PROFILS DES CATÉGORIES SOCIOPROFESSIONNELLES EN 1982

	Effectifs (milliers)	Structure (en %)	Proportion (en %) de					Indice de salaire moyen des salariés	Proportion (en %) d'enfants de	
			Femmes	Jeunes de moins de 35 ans	Titulaires de CAP-BEP	Titulaires du baccalauréat	Étrangers		Cadre[1]	Ouvrier
Ensemble	23 525	100,0	39	44	22	23	6	100	6	40
1. Agriculteurs exploitants	1 475	6,3	37	20	13	6	1		1	9
11. Agriculteurs sur petite exploitation	690	3,0	39	17	10	5	1		1	10
12. Agriculteurs sur moyenne exploitation	450	1,9	36	22	15	5	e		1	7
13. Agriculteurs sur grande exploitation	335	1,4	35	24	19	10	1		1	9
2. Artisans, commerçants, chefs d'entreprise	1 835	7,8	33	23	24	16	3		4	29
21. Artisans	904	3,7	24	26	32	13	3		2	34
22. Commerçants et assimilés	797	3,4	47	22	16	16	3		5	27
23. Chefs d'entreprise de 10 salariés et plus	134	0,7	17	12	15	39	2		11	17
3. Cadres, professions intellectuelles supérieures	1 895	8,1	25	30	7	76	3	200	29	16
31. Professions libérales	239	1,0	27	29	2	89	1		40	9
33. Cadres de la fonction publique	244	1,0	24	33	5	79	1	183	24	16
34. Professeurs, professions scientifiques	353	1,5	45	38	1	94	3	172	33	12
35. Professions information, arts et spectacles	117	0,5	40	39	7	57	8	143	33	13
37. Cadres administratifs et commerciaux d'entreprise	559	2,5	20	25	13	63	2	216	25	17
38. Ingénieurs, cadres techniques d'entreprise	383	1,6	6	27	10	74	3	219	24	22
4. Professions intermédiaires	3 971	16,3	40	43	18	53	2	118	10	32
42. Instituteurs et assimilés	777	3,3	63	47	5	88	1	113	12	25

45. Prof. int. administratives de la fonction publique	278	1,2	47	36	12	46	e	114	8	28
46. Prof. int. administratives et commerciales des entreprises	995	4,2	39	41	23	35	2	123	12	30
47. Techniciens	678	2,9	9	50	28	48	2	124	8	39
48. Contremaîtres, agents de maîtrise	571	2,4	6	23	34	19	4	126	3	45
5. Employés	6 247	26,6	72	53	26	15	4	81	4	45
52. Employés civils, agents de service de la fonction publique	1 703	7,2	75	47	24	14	1	78	3	45
53. Policiers, militaires	380	1,6	5	58	29	11	3	106	4	41
54. Employés administratifs d'entreprise	2 532	10,8	76	59	32	24	3	89	7	40
55. Employés de commerce	742	3,2	77	59	23	8	4	70	3	51
56. Personnels des services directs aux particuliers	890	3,8	83	43	15	5	13	57	2	50
6. Ouvriers	7 749	32,9	19	50	26	3	13	79	1	58
62. Ouvriers qualifiés de type industriel	1 602	6,8	10	48	39	4	9	89	2	60
63. Ouvriers qualifiés de type artisanal	1 509	6,4	8	55	41	4	12	82	1	56
64. Chauffeurs	567	2,4	2	42	20	3	6	85	1	48
65. Ouvriers qualifiés manutention, magasinage, transports	417	1,8	7	46	23	4	8	85	2	59
67. Ouvriers non qualifiés de type industriel	2 353	10,0	37	51	15	2	16	71	1	60
68. Ouvriers non qualifiés de type artisanal	1 007	4,3	28	54	16	1	22	69	1	57
69. Ouvriers agricoles	294	1,2	14	43	11	3	19	63	e	57

1. Au sens du groupe 3 : cadres et professions intellectuelles supérieures.

Sources : Recensement de 1982 pour les sept premières colonnes ; Enquêtes sur l'emploi de 1982, pour les trois dernières colonnes.

1. L'espace des positions professionnelles n'est pas une simple échelle

Une des conséquences de cet usage long et général de la même nomenclature pour décrire les milieux sociaux a été la production d'un ensemble de travaux dont le cumul fait apparaître des régularités particulièrement remarquables. On va ici en rappeler les principaux traits avant de tenter de les interpréter. Quelques résultats essentiels sont présentés ici sous forme d'un tableau synthétique (tableau VI) et l'on pourra se reporter aux divers textes mentionnés en référence pour compléter celui-ci, le volume de cet ouvrage ne permettant pas la reproduction de données détaillées déjà publiées par ailleurs, notamment dans *Données sociales* [éditions 1984 et 1987].

Nous nous sommes efforcés, dans les chapitres précédents, de faire ressortir les dimensions essentielles de la nomenclature : opposition de l'univers des métiers à celui des emplois qualifiés, hiérarchie sociale clairement établie à partir de celle des qualifications, distinctions entre fonction publique et entreprise, entre grandes et petites entreprises, etc.

L'examen de chacun des six grands groupes a déjà suggéré qu'on ne pouvait pas du tout réduire la nomenclature socioprofessionnelle à une simple échelle à une dimension, que ce soit celle du revenu ou du « prestige », comme c'est souvent le cas pour ses homologues anglo-saxonnes [Loriaux, 1981]. Si les quatre groupes de salariés sont clairement hiérarchisés à de nombreux égards, on peut cependant discuter des positions relatives des employés et des ouvriers, par exemple pour le salaire. Par ailleurs, les catégories d'agriculteurs et de chefs d'entreprise s'ajustent à d'autres échelles que l'on ne peut mêler aisément à celles des salariés. On voit donc s'esquisser ainsi un espace à au moins deux dimensions, la première opposant les personnes de statut social et de revenus élevés à des catégories populaires, et la seconde opposant les salariés aux non-salariés. On trouvera, parmi les catégories « bourgeoises », des chefs de grosses entreprises, des médecins aussi bien que des cadres salariés, tandis que les couches populaires incluent des ouvriers, des artisans ou des petits agriculteurs.

Mais cette deuxième dimension, transversale à l'échelle

sociale à laquelle on pense spontanément à partir de travaux sur la stratification ou la mobilité sociale, mérite d'être étudiée plus en détail, car les catégories de salariés, elles aussi, se répartissent le long de ce « deuxième axe » avec une régularité significative. Celui-ci fait ainsi apparaître, à l'intérieur des deux groupes des cadres et des professions intermédiaires, des oppositions entre les sous-groupes liés respectivement aux *entreprises* et à la *fonction publique*, et cela par exemple pour cinq des indicateurs présentés dans le tableau : la féminisation, la part des titulaires d'un CAP ou d'un BEP, celle des titulaires du baccalauréat, le salaire moyen, et enfin la part des enfants d'ouvriers. Dans tous les cas, les clivages sont nets : le pôle « entreprises » se distingue fortement du pôle opposé (qui ne se limite d'ailleurs pas à la fonction publique), tant chez les cadres que chez les professions intermédiaires. Les catégories du pôle « entreprises » sont beaucoup moins féminines et les titulaires du baccalauréat y sont moins nombreux, alors que les CAP ou BEP y sont plus répandus. Les salaires moyens y sont plus élevés, et on y trouve nettement plus d'enfants d'ouvriers.

Le caractère systématique et marqué de ces oppositions confirme *a posteriori* l'intérêt de la distinction opérée entre ces pôles « entreprises » et « fonction publique ». Il en ressort en particulier que, contrairement à ce que pourraient laisser supposer les études de stratification unidimensionnelle qui associent comme une évidence le niveau de diplôme et le salaire, les membres des catégories « d'entreprises » ont moins de diplômes généraux (baccalauréat) et pourtant de meilleurs salaires. Bien sûr, si on compare les grands groupes de salariés entre eux, la liaison diplômes-salaires est forte, et cela constitue le « grand axe » de l'espace social analysé ici. Mais les oppositions, *internes* aux deux groupes 3 et 4, entre les deux pôles « entreprises » et « fonction publique » dessinent bien un « deuxième axe », transversal au premier [Desrosières, 1984b]. De plus, l'examen des indicateurs utilisés ci-dessus pour les deux groupes de non-salariés (chefs d'entreprise et agriculteurs) montre que ceux-ci sont beaucoup plus proches des cadres et professions intermédiaires *d'entreprises* que des autres. On peut aussi montrer, à l'aide de données non présentées ici, que, à l'intérieur des entreprises, celles du secteur public s'opposent à celles du secteur privé selon une logique analogue, de même que, à l'intérieur même du secteur privé, se distinguent les grandes et les petites entreprises. On peut donc maintenant préciser un ordre des emplois et des professions *le long de ce deuxième axe* : salariés de la fonction publique, des entreprises du secteur public, des grandes entreprises privées, des petites entreprises privées, et enfin les non-salariés. Pour la plupart des indicateurs décrits ci-dessus, cet ordre se révèle pertinent.

Or, cet ordre paraît très lié aux oppositions déjà plusieurs fois décrites ci-dessus entre « emplois qualifiés » et « métiers ». Plus en effet on est proche du pôle « fonction publique », plus est forte la liaison diplôme-emploi-salaire... Les emplois y sont relativement plus garantis par des statuts liés aux formations, ce qui, toutes choses égales d'ailleurs, protège les femmes et réduit l'inégalité de leurs chances de promotion par rapport aux hommes. Ces inégalités sont en revanche plus marquées du côté des salariés du privé et des non-salariés, où les relations entre hommes et femmes ressemblent davantage à celles de la famille traditionnelle. On pourrait également analyser les modes de gestion d'entreprises caractéristiques des diverses positions énumérées le long de cet axe, et montrer une gradation entre deux pôles. Le premier est caractérisé par l'importance des formations scolaires, l'anonymat des relations, une qualité de production garantie par la standardisation et la rationalisation industrielle, une division du travail bien codifiée : tous ces éléments sont, on l'a vu, cohérents avec les codages et les mises en forme de la statistique, et les CS de salariés y ont trouvé leur matrice. En revanche, chez les salariés des petites entreprises et *a fortiori* les non-salariés, on trouve plutôt des formations par apprentissage en entreprise, des relations fortement personnalisées, une qualité de la production assurée par le coup d'œil et le savoir-faire acquis de longue date, une faible division des tâches. C'est ce côté qui est le plus marqué par la tradition des métiers évoquée au chapitre I, et par le modèle domestique des relations de travail.

Ainsi, l'espace des positions professionnelles est structuré selon un double système d'oppositions. Le premier oppose les supérieurs aux inférieurs, les bourgeois aux classes populaires, c'est celui qui est bien sûr le plus prégnant et massif, et que s'attachent à décrire toutes les études en termes de stratification et de cumul des inégalités. Mais son caractère d'évidence a souvent empêché de faire ressortir le second, lié aux distinctions entre emploi qualifié et métier : on a ici insisté plus longuement sur cette deuxième dimension, dans la mesure où elle est moins connue et où, comme on va le voir maintenant à propos des analyses en termes de *milieux sociaux*, elle enrichit considérablement les possibilités d'interprétation des pratiques sociales, par exemple pour tout ce qui concerne les comportements politiques ou religieux, la culture ou la morale familiale. La nomenclature sert en effet à classer non seulement des individus d'après leurs positions dans la production, mais aussi les ménages selon des milieux sociaux, moyennant l'hypothèse que la CS du « chef de ménage » constitue un bon indicateur de ce milieu social.

2. L'espace des milieux sociaux

Cette hypothèse ainsi que la notion même de « chef de ménage » étaient très généralement acceptées jusqu'aux années soixante. Depuis, il a été souvent observé que, l'activité professionnelle et l'autonomie des femmes ayant beaucoup augmenté, ces façons de faire et de dire ne correspondaient plus aux mœurs nouvelles. C'est d'ailleurs pour cette raison que le terme « chef de ménage » a été remplacé par « personne de référence du ménage ». Mais le choix de celle-ci reste à peu près la même qu'auparavant : l'homme, si celui-ci est présent. Cependant, sans méconnaître la complexité des situations où les deux conjoints d'un couple auraient des situations professionnelles assez différentes, on peut cependant observer que l'homogamie relative (c'est-à-dire le cas où ces situations sont proches) est très fréquente [Bozon, Héran, 1988]. Plus profondément surtout, ce problème du codage du milieu social d'un ménage par le biais de la profession du mari n'est pas essentiellement différent des autres problèmes de codage déjà analysés. Il s'agit toujours d'une *décision* de mise en équivalence, c'est-à-dire de la transformation d'une infinie variété de cas en une répartition de ces cas en un nombre fini de classes, à l'intérieur desquelles les cas particuliers sont *traités* comme équivalents. Il est significatif que ce codage soit devenu un problème autour des années soixante-dix, alors qu'il l'était peu auparavant. Cela est lié à la croissance rapide, à partir de cette période, du nombre des ménages dépourvu de couple, et dont la « personne de référence » est une femme. De ce point de vue, le « deuxième axe » de l'espace social décrit ci-dessus est pertinent : cette part des ménages dont le « chef » est une femme est faible chez les non-salariés, mais particulièrement élevée pour les professions intermédiaires et les employés de la fonction publique, les enseignants, et surtout les professions de la santé et du travail social [Desrosières, 1984a]. Or, c'est bien dans ces milieux que, après 1968, la remise en cause des rôles respectifs traditionnels de la femme et de l'homme dans le couple a été la plus vive. Ainsi le cumul d'observations sur les familles classées selon la profession de leur chef permet de mettre en perspective aussi bien les comportements économiques et sociaux que les façons d'envisager la vie familiale elle-même.

Le fait que la cellule familiale constitue le lieu de la transmission des savoir-faire et des savoir-vivre, devant donc être observé systématiquement par des sciences sociales empiriques soucieuses de généralisation, a été un des traits marquants de ces sciences depuis les années cinquante [De Singly, 1987 ; Merllié et Prévot, 1991]. C'est à ce moment que le terme « milieu social » est devenu à peu près synonyme de « milieu familial », et que des travaux importants sur la mobilité sociale ont été menés [Girard, 1961]. Cette façon d'envisager la famille comme lieu de socialisation était assez nouvelle. Dans les périodes antérieures, l'accent était beaucoup plus mis sur les questions d'hérédité biologique, et le passage de cette notion à celle d'héritage socio-culturel, aujourd'hui tout à fait banale, ne s'est fait, en France, qu'entre 1950 et 1960 [Thévenot, 1987b]. Dans cette perspective, la profession du père de famille apparaissait comme l'indicateur le plus synthétique d'une grande variété de traits caractéristiques de la *lignée* tout entière, celle-ci incluant l'épouse, les enfants et éventuellement les petits-enfants, et la nomenclature des CSP de 1954 à 1962 a été largement utilisée pour un tel codage. C'est à ce moment que le caractère ambivalent et composite de cette taxinomie, du point de vue de ses usages, apparaît très clairement.

TABLEAU VII. — ÉVOLUTION DES GROUPES SOCIOPROFESSIONNELS DE 1962 A 1987 : PARTS RELATIVES ET FÉMINISATION

Groupes socioprofessionnels (nouvelle nomenclature)	*Part (en ‰) du groupe dans la population active*			*Part (en ‰) des femmes dans le groupe*		
	1962 [1]	1975 [1]	1987 [2]	1962 [1]	1975 [1]	1987 [2]
1. Agriculteurs exploitants	159	78	55	384	337	373
2. Artisans, commerçants, chefs d'entreprise	109	81	73	353	327	344
3. Cadres et professions intellectuelles supérieures	47	71	91	163	218	278
4. Professions intermédiaires	110	160	191	339	376	421
5. Employés	185	234	272	664	710	760
6. Ouvriers	390	373	305	196	206	211
Chômeur n'ayant jamais travaillé	0	3	13	462	661	579
Total de la population active	1 000	1 000	1 000	344	374	430
Effectif total de la population active (en milliers)	*19 164*	*21 771*	*24 097*			

1. Estimation à partir du double chiffrement du recensement de 1982 et des résultats des recensements de 1962 et 1975 ; voir SEYS, 1986.

2. Enquête sur l'emploi de mars 1987.

de la productivité industrielle pendant ces années de forte croissance.

A partir du début de la crise, en 1974, l'exode agricole devient plus lent (– 2,3 % par an en moyenne entre 1975 et 1985) et le nombre des non-salariés non agricoles recommence même à augmenter, de 0,7 % par an, certains chômeurs tentant de se mettre à leur compte. La croissance des effectifs des cadres et des professions intermédiaires est nettement ralentie, celle des employés l'est un peu moins. Le secteur tertiaire (services, commerce) a mieux résisté à la crise que l'industrie, puisqu'on observe une réduction des effectifs ouvriers de 1 % par an.

Les femmes participent beaucoup plus à la vie professionnelle en 1985 qu'en 1962, mais cela est vrai surtout dans les groupes de salariés non ouvriers. Chez les indépendants, le statut d'« aide familial » (rattaché aux groupes 1 et 2) a été, dans certains cas, remplacé par un statut salarié, et la féminisation du groupe ouvrier a été beaucoup moins forte que celles des trois autres groupes de salariés. A l'intérieur de ces derniers, la part des femmes reflète bien la hiérarchie des classifications conventionnelles : 28 % pour les cadres, 42 % pour les professions intermédiaires et 76 % pour les employés.

Tous les résultats mentionnés ci-dessus supposent des

procédures d'objectivation, d'identification professionnelle des personnes, et de codage, qui produisent des effectifs, des catégories et des évolutions. Mais ces procédures elles-mêmes ont pu évoluer. On en a vu un exemple avec les aides familiaux pouvant se transformer en employés, et passer ainsi des groupes 1 ou 2 ou groupe 5. On pourrait aussi évoquer des changements de politiques de classification, affectant par exemple les limites entre cadres et non-cadres, ou entre employés ou ouvriers. Mais on a renoncé à distinguer une « réalité » des emplois, d'un système d'appellations qui seraient « fausses » : on ne peut coder autre chose que le matériel verbal que constituent les déclarations des professions. Le problème se pose tout particulièrement pour les analyses historiques, puisque les séries décrivent le résultat final d'évolutions où tous les maillons de la chaîne de la production statistique ont pu être affectés par le changement. Sans que cela interdise de lire et de tenter d'interpréter de telles séries, il importe d'avoir en tête, en le faisant, la complexité du processus de codage, évoquée au début de cet ouvrage.

Il en va de même pour l'analyse et l'interprétation des phénomènes de *mobilité sociale*. Les tableaux croisant les professions des pères et des fils, et servant à analyser l'hérédité sociale, ont été un des instruments les plus utilisés des sciences sociales empiriques des trente dernières années. Ils font apparaître que les enfants issus de pères d'un groupe social donné appartiennent sensiblement plus souvent à ce même groupe que dans l'hypothèse de mobilité parfaite où tous les enfants auraient des chances égales d'accès aux professions, ce phénomène étant expliqué par les influences familiales exercées sur l'éducation des enfants. Un tel tableau n'a pas toujours été interprété en termes de *milieu social*. Les premières matrices de ce type ont été construites au début du siècle par l'eugéniste anglais Karl Pearson, dans le but de démontrer l'*hérédité biologique* : la profession était alors un indicateur non d'un milieu mais de *talents personnels* dont on voulait montrer le caractère héréditaire. Ainsi, les données numériques étaient similaires (un tableau lourdement chargé sur sa diagonale), mais l'interprétation était tout autre. Personne ou presque ne songerait plus maintenant à commenter ainsi le tableau de mobilité sociale, dont cette dernière dénomination reflète bien l'utilisation contemporaine. Cela montre à quel point un outillage technique ne peut être séparé de la construction politique et cognitive dans lequel il prend place [Thévenot, 1987b].

Les enquêtes de mobilité effectuées en France en 1964, 1970, 1977 et 1985, avec des méthodes assez stables, permettent de construire de tels tableaux [Thélot, 1982 ; Pohl, Soleilhavoup, 1982 ; Gollac, Laulhé, 1987]. La comparaison des deux dernières enquêtes (tableau VIII) montre que cette mobilité n'évolue que lentement. Les enfants de salariés, et en particulier ceux de cadres, semblent bénéficier d'ascensions sociales plus souvent que ceux des artisans, commerçants et chefs d'entreprise. Mais les écarts entre ces groupes restent massifs : un fils d'ouvrier sur deux devient ouvrier, et ce n'est le cas que pour un quart des fils d'artisans et commerçants, et pour un sur vingt-cinq de ceux de cadres. De plus, dans ce dernier cas, un examen minutieux de ces rares fils de cadres devenant ouvriers fait apparaître la spécificité de ces cas : ce sont souvent des ouvriers « pas très ouvriers » et des cadres « pas très cadres » [Thélot, 1982]. Cela met en cause les équivalences statistiques qui conduisent à ces tableaux. Ce genre de flou est bien sûr partout, mais il a une place relative plus grande pour les cases « improbables » que pour les cases « probables ».

Ce rapide survol de quelques résultats de recensements et d'enquêtes mettant en œuvre les CS fait ressortir une accumulation de représentations cohérentes du monde social. Cette objectivation ne doit pas pour autant être envisagée en dehors du cadre d'analyse que nous avons étayé, dans les chapitres précédents, par des approches historiques et expérimentales.

TABLEAU VIII. — LA MOBILITÉ SOCIALE ÉVOLUE PEU : COMPARAISON DES DESTINÉES EN 1977 ET 1985 (en % [1re ligne : 1985 ; 2e ligne : 1977])

Groupe socioprofessionnel du père	*Groupe socioprofessionnel du fils*						
	1	2	3	4	5	6	*Ensemble*
1. Agriculteur exploitant	33,8	8,9	5,0	12,0	6,7	33,6	100,0
	33,3	*9,8*	*5,0*	*10,8*	*7,4*	*33,7*	*100,0*
2. Artisan, commerçant, chef d'entreprise	2,0	29,0	19,6	19,2	7,2	23,0	100,0
	1,6	*30,2*	*20,2*	*20,6*	*7,8*	*19,6*	*100,0*
3. Cadre, profession intellectuelle supérieure	0,5	9,2	59,8	20,7	6,0	3,8	100,0
	1,4	*10,3*	*57,8*	*21,6*	*4,1*	*4,8*	*100,0*
4. Profession intermédiaire	0,1	10,0	31,8	31,3	8,8	18,0	100,0
	0,5	*8,9*	*30,9*	*36,0*	*10,0*	*13,7*	*100,0*
5. Employé	0,3	9,7	22,9	31,7	13,9	21,5	100,0
	0,8	*8,6*	*21,6*	*31,0*	*15,0*	*23,0*	*100,0*
6. Ouvrier	1,4	9,8	7,7	22,0	10,2	48,9	100,0
	1,3	*9,0*	*7,4*	*21,0*	*9,6*	*51,7*	*100,0*

Champ : hommes français de naissance âgés de 40 à 59 ans, actifs ou anciens actifs.

Sources : Enquêtes Formation-Qualification professionnelle 1977 et 1985 [GOLLAC et LAULHÉ, 1987].

Conclusion : la pluralité des façons de connaître le monde social

La conception et la fabrication d'une nouvelle nomenclature socioprofessionnelle sont, au même titre que la mise au point d'autres outils statistiques, des tâches d'ingénieur. La production de cette variable standard s'insère dans un processus industriel. Elle repose sur l'usage de formulaires, de règles, de consignes, voire de procédures automatisées, qui permettent d'assurer la fiabilité d'un produit normalisé. La réforme de cette nomenclature a été l'occasion d'une amélioration de ces techniques de production de la variable socioprofessionnelle, grâce à un accroissement de la qualité des matières premières (questionnaire de base) et une redéfinition du produit (approfondissement et mise à jour des principes de découpage).

Toutefois, ce modèle de référence de l'ingénieur de production ne rend pas complètement compte de la tâche du taxinomiste. Dans la mesure où la variable qu'il produit entretient un rapport étroit avec l'identité sociale, le statisticien n'a pas, sur son usage ni même sur sa définition, une maîtrise aussi claire que pour d'autres variables. On l'a vu en examinant les interprétations auxquelles donne lieu l'usage de cette variable dans la représentation des positions dans un espace social. On l'a observé aussi en étudiant l'imbrication entre les opérations de confection et d'utilisation de la nomenclature et d'autres procédures sociales de représentation et de mise en forme de l'identité professionnelle ou sociale.

Pourquoi alors conférer au classement socioprofessionnel

une place aussi importante dans les analyses statistiques ? Qu'apporte-t-il d'autre par rapport à d'autres variables en apparence mieux « maîtrisées » ?

L'identité sociale, constituée à travers la profession exercée, résulte à la fois des trajectoires individuelles de ses titulaires et de l'histoire sociale des institutions dans lesquelles elle se matérialise. Il s'agit donc d'un schéma susceptible d'expliquer et d'organiser nombre de « comportements » décrits par l'observation statistique. Certains de ces comportements pourront, éventuellement, être mieux « expliqués », au sens strictement statistique, par tel ou tel critère d'analyse : les pratiques culturelles par le niveau d'éducation, la consommation par le revenu, ou le vote par la religion. Il n'empêche que les catégories définies à partir d'une certaine homogénéité professionnelle, combinant de façons spécifiques ces diverses déterminations, résument et synthétisent beaucoup de ces observations, parce qu'elles sont le produit d'un travail historique très long : elles sont, d'une certaine façon, de l'histoire accumulée.

C'est pour cela que les premiers chapitres ont insisté sur l'histoire de la nomenclature et sur le travail politique préalable aux définitions des catégories par les statisticiens, en entendant le mot « politique » dans un sens beaucoup plus général que celui qu'il a parfois quand on soupçonne des « interventions politiques » derrière les évaluations statistiques. Le regard ainsi porté sur le travail de classement et de définition des variables servant à décrire le monde social ne vise pas à en dénoncer les résultats, mais plutôt à les replacer dans un ensemble plus vaste de façons de connaître. Stimulé initialement par une tradition de recherche qui, dans les sciences sociales françaises, a mis au cœur de ses préoccupations l'opération de classement [Durkheim et Mauss, 1903 ; Lévi-Strauss, 1962 ; Foucault, 1966 ; Bourdieu, 1980], cet intérêt pour la genèse des codages dans les sociétés développées a été aussi, à l'INSEE, à l'origine d'autres travaux, par exemple sur les découpages des secteurs industriels [Guibert, Laganier, Volle, 1972] ou sur la définition du chômage [Salais, Baverez, Reynaud, 1986].

Par ailleurs, les expérimentations décrites au chapitre III, portant sur les pratiques ordinaires de classement, ont permis de distinguer plusieurs façons de faire des catégories. Or, ces diverses manières de connaître sont aussi à l'œuvre dans le travail scientifique du taxinomiste. Au lieu de réduire la scientificité à la mise en œuvre de critères, en rejetant la connaissance fondée sur des exemples et des cas types dans les ténèbres extérieures des préjugés ou des prénotions, nous nous sommes efforcés d'envisager avec le même sérieux ces deux façons d'établir des équivalences entre les personnes. Ces différentes formes de rapprochement ont été notamment mises en œuvre dans les constructions des groupes et des catégories, présentées au chapitre IV.

Les régularités enregistrées dans les recherches portant sur les catégories socioprofessionnelles (chapitre V) sont parfois interprétées en restant à l'intérieur de l'espace des variables statistiques critérialisées figurant dans le fichier analysé. Pour cela, des techniques de plus en plus autonomes, comme celles qui dérivent de l'analyse de variance, sont disponibles, dans lesquelles risque de s'enfermer le chercheur. Il est rare cependant qu'en bout de course celui-ci ne tente, de façon peu explicitée, de raccorder les produits de ces techniques à des connaissances dites « de sens commun », c'est-à-dire empruntant à l'exemple. La démarche suggérée ici visait à analyser la nature des différences entre les modes de description, plutôt qu'à les ignorer.

Annexe : Population active ayant un emploi par profession détaillée (455 postes) en 1990

Profession détaillée	Effectifs (en milliers)	Proportion de femmes (en %)
ENSEMBLE	22 233	42
11. Agriculteurs exploitants sur petite exploitation (moins de 20 équivalent hectares de blé)	**325**	**42**
Agriculteurs sur petite exploitation d'agriculture générale	57	42
Maraîchers, horticulteurs sur petite exploitation	15	38
Viticulteurs, arboriculteurs fruitiers sur petite exploitation	26	40
Éleveurs d'herbivores sur petite exploitation	83	46
Éleveurs de granivores et éleveurs mixtes sur petite exploitation	12	42
Agriculteurs sur petite exploitation sans orientation dominante	132	40
12. Agriculteurs exploitants sur moyenne exploitation (20 à 40 équivalent hectares de blé et assimilés)	**304**	**35**
Agriculteurs sur moyenne exploitation d'agriculture générale	44	38
Maraîchers, horticulteurs sur moyenne exploitation	4	36
Viticulteurs, arboriculteurs fruitiers sur moyenne exploitation	23	36
Éleveurs d'herbivores sur moyenne exploitation	70	38
Éleveurs de granivores et éleveurs mixtes sur moyenne exploitation	4	40
Agriculteurs sur moyenne exploitation sans orientation dominante	116	39
Entrepreneurs de travaux agricoles à façon, de 0 à 9 salariés	13	21
Exploitants forestiers indépendants, de 0 à 9 salariés	13	7
Patrons pêcheurs et aquaculteurs, de 0 à 9 salariés	17	17
13. Agriculteurs exploitants sur grande exploitation (plus de 40 équivalent hectares de blé)	**359**	**34**
Agriculteurs sur grande exploitation d'agriculture générale	83	31
Maraîchers, horticulteurs sur grande exploitation	18	36
Viticulteurs, arboriculteurs fruitiers sur grande exploitation	39	33
Éleveurs d'herbivores sur grande exploitation	47	36
Éleveurs de granivores et éleveurs mixtes sur grande exploitation	14	38
Agriculteurs sur grande exploitation sans orientation dominante	158	35
21. Artisans	**827**	**24**
Artisans boulangers, pâtissiers, de 0 à 2 salariés	31	5
Artisans boulangers, pâtissiers, de 3 à 9 salariés	11	6
Artisans bouchers, de 0 à 2 salariés	27	3
Artisans bouchers, de 3 à 9 salariés	3	5
Artisans charcutiers, de 0 à 2 salariés	8	5
Artisans charcutiers, de 3 à 9 salariés	2	5
Autres artisans de l'alimentation	5	23
Artisans mécaniciens en machines agricoles	10	3
Artisans en matériel de précision	3	3
Artisans divers du travail des métaux, de l'électromécanique	24	7
Artisans tailleurs, couturiers et autres artisans de la confection et du textile	18	44
Artisans fabricants en cuirs et peaux	3	21
Artisans du meuble	16	3
Artisans du travail mécanique du bois	5	5
Artisans de l'imprimerie et de l'édition	11	23
Artisans d'art	11	23
Autres artisans de fabrication	15	15
Artisans maçons, plâtriers	94	1
Artisans en terrassement, travaux publics, parcs et jardins	14	4
Artisans électriciens du bâtiment	29	1
Artisans de la peinture et des finitions du bâtiment	56	2

Profession détaillée	Effectifs (en milliers)	Proportion de femmes (en %)
Artisans plombiers, couvreurs, chauffagistes	52	2
Artisans menuisiers du bâtiment, charpentiers en bois	42	1
Artisans serruriers, métalliers	8	1
Artisans mécaniciens réparateurs d'automobiles	44	3
Artisans tôliers-carrossiers d'automobiles	8	0
Artisans réparateurs en électroménager	8	1
Artisans cordonniers, réparateurs divers	8	7
Conducteurs de taxi artisans	30	10
Artisans coiffeurs, manucures, esthéticiens	58	69
Artisans teinturiers, blanchisseurs	9	57
Artisans des services divers	15	17
Transporteurs routiers indépendants, de 0 à 9 salariés	32	8
Bateliers indépendants, de 0 à 9 salariés	3	36
Aides familiaux non salariés ou associés d'artisans effectuant un travail administratif, ou commercial	115	97
22. Commerçants et assimilés	**760**	**44**
Petits grossistes en alimentation	17	26
Petits grossistes en produits non alimentaires	28	26
Petits détaillants en alimentation spécialisée	44	44
Petits détaillants en alimentation générale	36	51
Petits détaillants en ameublement, décor, équipement du foyer	34	43
Petits détaillants en équipement de la personne, articles de sport	105	62
Petits détaillants en quincaillerie, bricolage, bazar	27	38
Petits détaillants en produits de luxe	39	57
Petits détaillants en librairie, photo, disques	29	49
Exploitants et gérants libres de station service, de 0 à 2 salariés	7	43
Patrons de petit restaurant, café-restaurant	77	48
Patrons de petit café, café-tabac	51	54
Patrons de petit café associé à une autre activité	10	64
Patrons de petit hôtel, hôtel-restaurant	30	50
Moyens grossistes en alimentation	4	22
Moyens grossistes en produits non alimentaires	6	23
Moyens détaillants en alimentation	5	41
Moyens détaillants en produits non alimentaires	18	41
Intermédiaires indépendants du commerce, de 0 à 9 salariés	26	25
Patrons de café, restaurant, hôtel, de 3 à 9 salariés	27	41
Agents immobiliers indépendants, de 0 à 9 salariés	24	28
Agents généraux et courtiers d'assurances indépendants, de 0 à 9 salariés	28	23
Agents de voyage et auxiliaires de transport indépendants, de 0 à 9 salariés	4	23
Indépendants gestionnaires de spectacle ou de service récréatif, de 0 à 9 salariés	18	32
Professionnels de la parapsychologie, guérisseurs	4	45
Indépendants gestionnaires d'étab. privé d'enseign. de santé, d'action soc., de 0 à 9 salariés	12	34
Indépendants divers prestataires de services, de 0 à 9 salariés	50	36
23. Chefs d'entreprise de 10 salariés ou plus	**167**	**15**
Chefs de grande entreprise (500 salariés et plus)	6	13
Chefs de moyenne entreprise (50 à 499 salariés)	24	10
Chefs d'entreprise du bâtiment ou des travaux publics, de 10 à 49 salariés	23	9
Chefs d'entreprise de l'industrie ou des transports, de 10 à 49 salariés	52	15
Chefs d'entreprise commerciale, de 10 à 49 salariés	40	22
Chefs d'entreprise de services, de 10 à 49 salariés	22	17
31. Professions libérales	**310**	**32**
Médecins libéraux spécialistes	44	33
Médecins libéraux généralistes	72	28
Chirurgiens dentistes (libéraux ou salariés)	39	31
Psychologues, psychanalystes, psychothérapeutes (non médecins)	15	74
Vétérinaires (libéraux ou salariés)	11	29
Pharmaciens libéraux	29	53

Profession détaillée	Effectifs (en milliers)	Proportion de femmes (en %)
Avocats	20	41
Notaires	7	12
Conseils juridiques et fiscaux libéraux	4	26
Experts comptables, comptables agréés, libéraux	11	14
Ingénieurs conseils libéraux en recrutement, organisation, études économiques	9	24
Ingénieurs conseils libéraux en études techniques	15	11
Architectes libéraux	25	17
Huissiers de justice, officiers ministériels et professions libérales diverses	6	24
Aides familiaux non salariés de professions libérales effectuant un travail administratif	3	82
33. Cadres de la fonction publique	**283**	**28**
Personnels de direction de la fonction publique	9	14
Ingénieurs de l'État et des collectivités locales	47	14
Magistrats	6	43
Inspecteurs et autres cadres A des impôts, du trésor et des douanes	27	33
Inspecteurs et autres cadres A des PTT	32	25
Personnels administratifs supérieurs des collectivités locales et hôpitaux publics	50	43
Personnels administratifs de catégorie A de l'État (sauf impôts, trésor, douanes, PTT)	73	41
Personnes exerçant un mandat politique ou syndical	2	19
Officiers de l'armée et de la gendarmerie (sauf généraux)	37	3
34. Professeurs, professions scientifiques	**555**	**50**
Professeurs agrégés et certifiés	301	56
Directeurs d'établissement d'enseignement secondaire et inspecteurs	20	29
Enseignants de l'enseignement supérieur	50	31
Chercheurs de la recherche publique	48	31
Médecins hospitaliers (sans activité libérale)	61	39
Médecins salariés non hospitaliers	18	64
Psychologues spécialistes de l'orientation scolaire et professionnelle	12	65
Étudiants hospitaliers, stagiaires internes	12	48
Pharmaciens salariés	33	71
35. Professions de l'information, des arts et des spectacles	**152**	**41**
Journalistes, secrétaires de rédaction	29	38
Auteurs littéraires, scénaristes, dialoguistes	6	35
Bibliothécaires, archivistes, conservateurs de la fonction publique	12	81
Cadres de la presse, de l'édition, de l'audiovisuel et des spectacles	11	32
Cadres artistiques des spectacles	6	20
Cadres techniques de la réalisation des spectacles vivants et audiovisuels	9	27
Artistes plasticiens	20	31
Artistes professionnels de la musique et du chant	16	20
Artistes dramatiques, danseurs	12	48
Professeurs d'art (hors établissements scolaires d'enseignement général ou technique)	22	59
Artistes de variétés	9	42
37. Cadres administratifs et commerciaux d'entreprise	**708**	**30**
Cadres d'état-major administratifs, financiers, commerciaux des grandes entreprises	12	6
Cadres chargés d'études économiques, financières, commerciales	25	31
Cadres spécialistes du recrutement, de la formation	14	46
Cadres de l'organisation ou du contrôle des services administratifs et financiers	32	27
Cadres de gestion courante des services financiers ou comptables des grandes entreprises	14	26
Cadres de gestion courante des services du personnel des grandes entreprises	5	38
Cadres de gestion courante des autres services administratifs des grandes entreprises	34	34
Cadres administratifs ou financiers des petites et moyennes entreprises	202	40

Profession détaillée	Effectifs (en milliers)	Proportion de femmes (en %)
Cadres de la documentation, de l'archivage (hors fonction publique)	2	81
Cadres de l'exploitation des magasins de vente	33	26
Chefs de produits, acheteurs du commerce et autres cadres de la mercatique	23	35
Cadres des ventes des grandes entreprises (hors commerce de détail)	22	14
Cadres commerciaux des petites et moyennes entreprises (hors commerce de détail)	111	16
Cadres de la publicité, cadres des relations publiques	25	48
Cadres des services techniques et commerciaux de la banque	90	21
Cadres des services techniques des assurances	49	36
Cadres de l'hôtellerie et de la restauration	16	26
38. Ingénieurs et cadres techniques d'entreprise	**596**	**11**
Directeurs techniques des grandes entreprises	6	2
Ingénieurs et cadres techn. d'études, développement de l'agriculture et des eaux et forêts	8	14
Ingénieurs et cadres de recherche, études, essais en électricité, électronique	50	6
Ingénieurs et cadres de bureau d'études ou des méthodes en mécanique	30	6
Ingénieurs et cadres d'études, méthodes, contrôles en bâtiment et travaux publics	19	5
Architectes salariés	10	23
Ingénieurs et cadres de recherche, développement, en chimie, biologie	23	23
Ingénieurs et cadres de recherche, développement, contrôles en métallurgie et matériaux	4	5
Ingénieurs et cadres de recherche, études des industries légères	2	10
Ingénieurs et cadres spécialistes de l'informatique (sauf technico-commerciaux)	148	21
Autres ingénieurs et cadres d'études	15	12
Ingénieurs et cadres de fabrication en matériel électrique, électronique	9	4
Ingénieurs et cadres de fabrication en mécanique	32	2
Ingénieurs et cadres de chantier du bâtiment travaux publics	25	1
Ingénieurs et cadres de fabrication en chimie et agro-alimentaire	15	7
Ingénieurs et cadres de fabrication en métallurgie et matériaux	7	3
Ingénieurs et cadres de fabrication des industries légères	7	9
Cadres techniques de l'imprimerie et de l'édition	9	21
Ingénieurs et cadres de prod. et distribution d'électricité, gaz, eau, chauffage, énergie	11	6
Ingénieurs et cadres d'entretien, travaux neufs	21	1
Ingénieurs et cadres des achats et approvisionnements industriels	7	15
Ingénieurs et cadres de planning, ordonnancement	1	12
Ingénieurs et cadres technico-commerciaux en matériel électrique ou électronique professionnel	16	5
Ingénieurs et cadres technico-commerciaux en matériel mécanique professionnel	31	6
Ingénieurs et cadres technico-commerciaux en bâtiment, travaux publics	10	8
Ingénieurs et cadres technico-commerciaux en biens intermédiaires	27	6
Ingénieurs et cadres technico-commerciaux en informatique	21	19
Cadres des transports et de la logistique	21	12
Personnels navigants techniques de l'aviation civile	7	3
Officiers de la marine marchande	4	0
42. Instituteurs et assimilés	**737**	**65**
Instituteurs	310	79
Directeurs d'école primaire ou maternelle	40	64
Instituteurs de l'éducation spécialisée	26	61
PEGC et maîtres auxiliaires de l'enseignement général	118	62
Enseignants du technique court	54	51
Conseillers d'éducation et surveillants	63	60
Assistants techniques de la documentation, de l'archivage (hors fonction publique)	18	78
Formateurs et animateurs de formation continue	70	47
Moniteurs et éducateurs sportifs, sportifs professionnels	38	28

Profession détaillée	Effectifs (en milliers)	Proportion de femmes (en %)
43. Professions intermédiaires de la santé et du travail social	**747**	**76**
Cadres infirmiers et assimilés	44	85
Infirmiers psychiatriques	55	68
Puéricultrices	12	100
Infirmiers spécialisés (autres que puéricultrices)	26	87
Infirmiers en soins généraux salariés	182	92
Infirmiers libéraux	36	86
Sages-femmes (libérales ou salariées)	11	99
Spécialistes de la rééducation et diététiciens, salariés	27	75
Spécialistes de la rééducation et pédicures, libéraux	43	50
Techniciens médicaux	53	82
Spécialistes de l'appareillage médical salariés	18	31
Spécialistes de l'appareillage médical indépendants	11	20
Préparateurs en pharmacie	34	77
Assistantes sociales	38	95
Éducateurs spécialisés	97	60
Animateurs socio-culturels et de loisirs	55	59
Conseillers familiaux	6	95
44. Clergé, religieux	**49**	**41**
Clergé séculier	24	3
Clergé régulier	25	77
45. Professions intermédiaires administratives de la fonction publique	**389**	**50**
Contrôleurs des PTT et assimilés	107	52
Contrôleurs des impôts, du trésor, des douanes et assimilés	44	59
Professions administratives intermédiaires des collectivités locales	82	69
Personnels administratifs de catégorie B de l'État (sauf impôts, trésor, douanes, PTT)	88	58
Inspecteurs et officiers de police	16	7
Adjudants et majors de l'armée et de la gendarmerie	52	8
46. Professions intermédiaires administratives et commerciales d'entreprise	**1 271**	**46**
Maîtrise et techniciens des services comptables ou financiers comptables	91	63
Maîtrise et techniciens administratifs (autres que financiers et comptables)	153	52
Personnels de secrétariat de niveau supérieur, secrétaires de direction (non cadres)	118	98
Chefs de petite surface de vente (salariés ou mandataires)	42	55
Maîtrise de l'exploitation des magasins de vente	44	36
Personnels techniques d'inspection, de contrôle, d'assistance des magasins de vente	10	40
Représentants en biens d'équipement, biens intermédiaires, commerce interindustriel	110	18
Représentants en biens de consommation auprès d'entreprises	120	26
Représentants en services auprès d'entreprises ou de professionnels	71	48
Représentants auprès de particuliers	123	33
Acheteurs non classés cadres, aides-acheteurs	18	34
Professions intermédiaires commerciales (sauf représentants et maîtrise de magasin)	32	37
Assistants techniques de la publicité, des relations publiques (salariés ou indépendants)	18	65
Interprètes, traducteurs (salariés ou indépendants)	7	67
Assistants techniques de la réalisation des spectacles vivants et audiovisuels (salariés ou indépendants)	17	32
Assistants techniques des arts graphiques, de la mode et de la décoration, salariés	31	50
Assistants techniques des arts graphiques, de la mode et de la décoration, indépendants	11	44
Photographes salariés	7	24
Photographes indépendants	5	20
Responsables administratifs ou commerciaux des transports et du tourisme (non cadres)	43	32
Responsables d'exploitation des transports (non cadres)	28	13

Profession détaillée	Effectifs (en milliers)	Proportion de femmes (en %)
Gradés des services techniques de la banque	75	41
Rédacteurs d'assurances	50	66
Maîtres d'hôtel (non cadres)	34	22
Maîtrise du hall et des étages (hôtellerie)	13	52
47. Techniciens (sauf techniciens tertiaires)	**717**	**12**
Techniciens d'études, développement de l'agriculture et des eaux et forêts	10	15
Contrôleurs laitiers, inséminateurs et autres agents techniques agricoles	12	11
Dessinateurs projeteurs en électricité, électronique	7	8
Dessinateurs d'études en électricité, électronique	7	7
Techniciens d'études, essais, contrôles, en électricité, électronique	59	8
Techniciens de maintenance, dépannage, en électricité, électronique, automatisme	80	1
Techniciens des télécommunications	20	10
Dessinateurs projeteurs en construction mécanique et chaudronnerie	6	4
Dessinateurs d'études en construction mécanique et chaudronnerie	29	6
Techniciens en mécanique et chaudronnerie	88	3
Dessinateurs projeteurs en bâtiment, travaux publics	14	6
Dessinateurs d'études en bâtiment, travaux publics	41	17
Géomètres, topographes	12	6
Techniciens des travaux publics de l'État et des collectivités locales	22	7
Métreurs et techniciens divers du bâtiment et des travaux publics	32	4
Techniciens chimistes, biologistes	49	30
Techniciens en métallurgie et matériaux	15	5
Assistants techniques de l'imprimerie et de l'édition	8	26
Techniciens en industrie légère	10	21
Préparateurs de méthodes	16	2
Techniciens de planning, ordonnancement, lancement	7	24
Pupitreurs, chefs de salle en informatique (hors fonction publique)	14	29
Programmeurs, préparateurs de travaux en informatique (hors fonction publique)	62	23
Techniciens des laboratoires de recherche publique ou d'enseignement	23	35
Techniciens divers	64	14
Experts indépendants de niveau technicien	10	12
48. Contremaîtres, agents de maîtrise (maîtrise administratrive exclue)	**547**	**6**
Personnels de direction et d'encadrement des exploitations agricoles ou forestières	10	6
Maîtres d'équipage (pêche, marine marchande)	1	0
Agents de maîtrise 2e niveau en fabrication de matériel électrique, électronique	6	10
Agents de maîtrise 1er niveau en fabrication de matériel électrique, électronique	11	18
Agents de maîtrise 2e niveau en fabrication mécanique	22	5
Agents de maîtrise 1er niveau en fabrication mécanique	55	5
Conducteurs de travaux non cadres en bâtiment, travaux publics	21	1
Chefs de chantier du bâtiment et des travaux publics	82	1
Agents de maîtrise 2e niveau en fabrication chimique ou agro-alimentaire	17	12
Agents de maîtrise 1er niveau en fabrication chimique ou agro-alimentaire	36	12
Agents de maîtrise 2e niveau en fabrication en métallurgie et matériaux	6	3
Agents de maîtrise 1er niveau en fabrication en métallurgie et matériaux	16	3
Agents de maîtrise et tech. de prod. et distrib. d'électricité, gaz, eau, chauffage, énergie	27	4
Agents de maîtrise 2e niveau en fabrication en industries légères	7	21
Agents de maîtrise 1er niveau en fabrication en industries légères	28	23
Agents de maîtrise 2e niveau en entretien, installation	32	1
Agents de maîtrise 1er niveau en entretien, installation électromécanique ou électronique	20	0
Agents de maîtrise 1er niveau en entretien, installation mécanique	41	1

Profession détaillée	Effectifs (en milliers)	Proportion de femmes (en %)
Agents de maîtrise d'entretien général	27	4
Responsables d'entrepôt, de magasinage	42	14
Responsables de manutention	26	5
Maîtrise de restauration et de cuisine	14	14
52. Employés civils et agents de service de la fonction publique	**1 934**	**79**
Agents d'exploitation des PTT et assimilés	98	55
Préposés des PTT	102	29
Agents de constatation ou de recouvrement des impôts, du trésor, des douanes	78	76
Commis, adjoints administratifs de la fonction publique	271	89
Agents de bureau de la fonction publique	361	81
Agents de service des établissements d'enseignement	221	88
Agents de service de la fonction publique (sauf écoles, hôpitaux)	201	72
Aides-soignants (du public ou du privé)	294	92
Agents de service hospitaliers (du public ou du privé)	284	83
Ambulanciers salariés (du public ou du privé)	24	34
53. Policiers et militaires	**388**	**6**
Agents de police	99	7
Gendarmes (de grade inférieur à adjudant)	60	2
Sergents, sergents-chefs	56	13
Hommes du rang	40	6
Pompiers	24	1
Agents techniques des eaux et forêts	4	2
Agents de sécurité, de surveillance	105	7
54. Employés administratifs d'entreprise	**1 912**	**84**
Secrétaires	709	98
Dactylos, sténodactylos (sans secrétariat), opératrices sur machines de bureau	54	90
Opératrices de saisie en informatique	49	92
Opérateurs d'exploitation en informatique	9	42
Standardistes, téléphonistes	36	94
Employés des services comptables ou financiers	333	83
Employés administratifs divers d'entreprise	214	70
Dessinateurs d'exécution	6	22
Employés des services techniques de la banque, guichetiers	216	62
Employés des services techniques des assurances	155	79
Contrôleurs des transports (personnels roulants)	8	13
Agents des services commerciaux des transports et du tourisme	27	56
Agents administratifs des transports de marchandises	45	59
Agents et hôtesses d'accueil et d'information	37	93
Agents et hôtesses d'accompagnement (transports, tourisme)	13	71
55. Employés de commerce	**730**	**78**
Vendeurs en gros de biens d'équipement, biens intermédiaires	29	48
Vendeurs en alimentation	175	83
Vendeurs en ameublement, décor, équipement du foyer	44	53
Vendeurs en équipement de la personne, articles de sport	123	86
Vendeurs en droguerie, bazar, quincaillerie, bricolage	30	34
Vendeurs en articles de luxe	74	90
Vendeurs en photo, disques, librairie	30	73
Employés de libre-service	82	73
Caissiers de magasin	127	94
Pompistes et gérants (salariés ou mandataires) de station-service	17	35
56. Personnels des services directs aux particuliers	**935**	**82**
Serveurs et commis de restaurant ou de café	243	59
Employés de l'hôtellerie	62	79
Manucures, esthéticiennes, salariées	12	99
Coiffeurs salariés	94	83
Assistantes maternelles, gardiennes d'enfants, travailleuses familiales	258	100
Employés de maison et femmes de ménage chez des particuliers	180	98
Concierges, gardiens d'immeubles	76	69
Employés des services divers	11	29

Profession détaillée	Effectifs (en milliers)	Proportion de femmes (en %)
62. Ouvriers qualifiés de type industriel	**1 473**	**13**
Mécaniciens qualifiés d'entretien d'équipements industriels	157	1
Électromécaniciens, électroniciens qualifiés d'entretien d'équipements industriels	96	1
Régleurs qualifiés d'équipements de fabrication (travail des métaux, mécanique)	17	2
Régleurs qualifiés d'équipements de fabrication (sauf travail des métaux, mécanique)	10	3
Bobiniers qualifiés	4	34
Câbleurs qualifiés	62	20
Plateformistes, contrôleurs qualifiés de matériel électrique ou électronique	14	41
Forgerons qualifiés	4	3
Chaudronniers, tôliers industriels qualifiés	52	1
Tuyauteurs industriels qualifiés	16	0
Soudeurs qualifiés sur métaux	50	3
Ouvr. très qual. trav. par enlèv. de métal (à l'unité, petite série sur machine classique)	11	1
Ouvriers qualifiés travaillant par enlèvement de métal	109	3
Monteurs qualifiés d'ensembles mécaniques	73	19
Monteurs qualifiés en charpente métallique	11	1
Traceurs qualifiés	1	1
Ouvriers qualifiés de contrôles et d'essais en mécanique, métallurgie	18	16
Ouvriers qualifiés des traitements thermiques et de surface sur métaux	23	4
Mécaniciens, ajusteurs qualifiés, sans autre indication	99	10
Chefs d'équipe du gros œuvre et des travaux publics	15	0
Ouvriers qualifiés du travail du béton	34	0
Conducteurs qualifiés d'engin de chantier du bâtiment et des travaux publics	47	0
Autres ouvriers qualifiés des travaux publics	46	1
Mineurs de fonds qualifiés	8	0
Ouvriers qualifiés de l'extraction (carrières, pétrole, gaz,...)	4	0
Ouvriers qualifiés sur installations ou machines de la chimie	72	15
Ouvriers qualifiés de laboratoire (chimie)	11	52
Ouvriers qualifiés des industries agricoles et alimentaires	58	21
Ouvriers qualifiés de la métallurgie, du verre, de la céramique et des matériaux de construction	63	10
Ouvriers qualifiés de la fabrication des papiers et cartons	11	8
Ouvriers qualifés des industries lourdes du bois	2	9
Conducteurs qualifiés de machine du textile et de la tannerie-mégisserie	25	50
Ouvriers qualifiés de la coupe et des finitions des vêtements	7	66
Mécaniciennes en confection qualifiées	34	90
Ouvriers qualifiés du travail du cuir	14	64
Ouvriers de la photogravure et des laboratoires photographiques et cinématographiques	18	30
Ouvriers de la composition	17	41
Ouvriers de l'impression	49	12
Ouvriers qualifiés de la brochure, de la reliure et du façonnage du papier-carton	15	38
Ouvriers qualifiés de scierie	4	1
Ouvriers qualifiés de la menuiserie industrielle et de l'ameublement	47	6
Surveillants qualifiés d'exploitation (électricité, gaz, eau, chauffage, énergie)	12	1
Agents qualifiés de laboratoire (sauf chimie et santé)	15	60
Ouvriers qualifiés divers de type industriel et ouvriers qualifiés mal désignés	19	18
63. Ouvriers qualifiés de type artisanal	**1 328**	**7**
Jardiniers	56	3
Électriciens qualifiés du bâtiment	90	1
Dépanneurs qualifiés en radio-télévision, électroménager	11	3
Électromécaniciens qualifiés d'entretien d'équipements non industriels	22	1
Carrossiers d'automobile qualifiés	36	0

Profession détaillée	Effectifs (en milliers)	Proportion de femmes (en %)
Métalliers, serruriers qualifiés	50	0
Mécaniciens qualifiés d'automobiles (entretien, réparation)	105	0
Mécaniciens qualifiés d'entretien d'équipements non industriels	28	2
Chapentiers en bois qualifiés	15	0
Menuisiers qualifiés du bâtiment	75	0
Maçons qualifiés	175	0
Ouvriers qualifiés du travail de la pierre	8	0
Couvreurs qualifiés	21	0
Plombiers et chauffagistes qualifiés	87	0
Peintres et ouvriers des finitions du bâtiment, qualifiés	95	0
Monteurs qualifiés en agencement, isolation	16	0
Ouvriers qualifiés d'entretien général des bâtiments	77	7
Bouchers (sauf industrie de la viande)	47	2
Charcutiers (sauf industrie de la viande)	13	10
Boulangers, pâtissiers (sauf activité industrielle)	64	4
Cuisiniers qualifiés	157	27
Tailleurs et couturières qualifiés	24	86
Ouvriers qualifiés du travail des étoffes (sauf fabrication de vêtements)	6	36
Ouvriers qualifiés de type artisanal du travail du cuir	6	29
Modeleurs (sauf modeleurs de métal), mouleurs-noyauteurs à la main	1	3
Ouvriers d'art	19	27
Auxiliaires des spectacles	9	25
Ouvriers qualifiés du travail du verre ou de la céramique à la main	2	55
Ouvriers qualifiés divers de type artisanal	13	45
64. Chauffeurs	**554**	**3**
Conducteurs routiers et grands routiers, salariés	316	0
Conducteurs de véhicules routiers de transport en commun, salariés	70	9
Conducteurs de taxi, salariés	8	15
Conducteurs de voiture particulière, salariés	18	2
Conducteurs-livreurs, coursiers, salariés	142	4
65. Ouvriers qualifiés de la manutention, du magasinage et des transports	**358**	**8**
Conducteurs d'engin lourd de levage	20	1
Conducteurs d'engin lourd de manœuvre	8	2
Dockers	9	1
Conducteurs de chariot élévateur, caristes	68	2
Magasiniers	194	12
Agents qualifiés des services d'exploitation des transports (personnels sédentaires)	32	7
Conducteurs qualifiés d'engin de transport guide	19	1
Matelots de la marine marchande	5	1
Capitaines et matelots timoniers de la navigation fluviale, salariés	3	14
67. Ouvriers non qualifiés de type industriel	**1 712**	**35**
Ouvriers non qualifiés de l'électricité et de l'électronique	57	47
Ouvriers non qualifiés travaillant par enlèvement de métal	37	26
Ouvriers non qualifiés travaillant par formage de métal	35	20
Ouvriers non qualifiés de montage, de contrôle, etc. en mécanique	288	32
Ouvriers non qualifiés des travaux publics et du travail du béton	105	1
Aides mineurs, ouvriers non qualifiés de l'extraction	21	0
Ouvriers non qualifiés de la chimie	122	36
Ouvriers non qualifiés des industries agricoles et alimentaires	113	43
Ouvriers non qualifiés de la métallurgie, du verre, de la céramique et des matériaux de construction	81	23
Ouvriers non qualifiés de la fabrication des papiers et cartons et des industries lourdes du bois	16	27
Ouvriers non qualifiés du textile et de la tannerie-mégisserie	73	55
Ouvriers non qualifiés de la confection	97	90
Ouvriers non qualifiés du travail du cuir	33	77
Ouvriers non qualifiés du travail du bois	65	20
Manutentionnaires, agents non qualifiés des services d'exploitation des transports	238	25

Profession détaillée	Effectifs (en milliers)	Proportion de femmes (en %)
Ouvriers du tri, de l'emballage, de l'expédition	164	43
Ouvriers non qualifiés divers de type industriel et ouvriers mal désignés	167	33
68. Ouvriers non qualifiés de type artisanal	**868**	**31**
Métalliers, serruriers, réparateurs en mécanique non qualifiés	99	1
Ouvriers non qualifiés du gros œuvre du bâtiment	168	0
Ouvriers non qualifiés du second œuvre du bâtiment	170	6
Apprentis boulangers, bouchers, charcutiers	34	4
Nettoyeurs	329	66
Ouvriers non qualifiés divers de type artisanal	68	54
69. Ouvriers agricoles et assimilés	**238**	**20**
Conducteurs d'engins agricoles ou forestiers	14	0
Ouvriers de l'élevage	25	20
Ouvriers du maraîchage et de l'horticulture	41	38
Ouvriers de la viticulture et de l'arboriculture fruitière	43	28
Ouvriers agricoles sans spécialisation particulière	76	16
Ouvriers de l'exploitation forestière ou de la sylviculture	21	2
Marins-pêcheurs et ouvriers de l'aquaculture	18	11

Source : Recensement de 1990, sondage au 1/20.

Bibliographie

Affichard J., « Nomenclature de formation et pratique de classement », *Formation-Emploi*, n° 4, octobre-décembre 1983.

Anderson Conk M., « Occupational Classification in the United States Census : 1870-1940 », *Journal of Interdisciplinary History*, IX, I, 1978, p. 111-130.

Ansart P., *Naissance de l'anarchisme*, PUF, Paris, 1970.

Arliaud M., *Les médecins*, La Découverte, Paris, coll. « Repères », 1987.

Baudelot C., Establet R., Malemort J., *La petite bourgeoisie en France*, Maspero, Paris, 1974.

Baudelot C., Establet R., Toiser, *Qui travaille pour qui ?*, Maspero, Paris, 1979.

Bertaux D., « L'hérédité sociale en France », *Économie et statistique*, n° 9, février 1970.

Boltanski L., « Taxinomies populaires, taxinomies savantes : les objets de consommation et leur classement », *Revue française de sociologie*, XI, 1970, p. 34-44.

Boltanski L., *Les cadres ; la formation d'un groupe social*, Éd. de Minuit, Paris, 1982.

Boltanski L. (avec Darre Y. et Schiltz M.-A.), « La dénonciation », *Actes de la recherche en sciences sociales*, n° 51, 1984, p. 3-40.

Boltanski L., Thévenot L., « Finding one's Way in Social Space ; a Study Based on Games », *Social Science Information*, vol. 22, n°s 4-5, 1983, p. 631-679.

Boltanski L., Thévenot L., *Les économies de la grandeur*, Cahiers du CEE, série Protée, CEE-PUF, Paris, 1987.

Bourdieu P., *La distinction*, Éd. de Minuit, Paris, 1979.

Bourdieu P., *Le sens pratique*, Éd. de Minuit, Paris, 1980.

Bourdieu P. et Boltanski L., « Le titre et le poste », *Actes de la recherche en sciences sociales*, n° 2, mars 1975.

Bourdieu P., Chamboredon J.-C., Passeron J.-C., *Le métier de sociologue*, Mouton, Paris, 1973.

Bourguet M.-N., *Déchiffrer la France*, Gordon and Breach, Paris, New York, 1988.

Bozon M., Heran F., « La découverte du conjoint. Première partie », *Population*, n° 6, novembre-décembre 1987.

Bozon M., Heran F., « La découverte du conjoint. Deuxième partie », *Population*, n° 1, janvier-février 1988.

Briand J.-P., Chapoulie J.-M., *Les classes sociales ; principes d'analyse et données empiriques*, Hatier, Paris, 1985.

CEREQ, 1973, *L'analyse des qualifications et les classifications d'emploi, Bibliothèque du CEREQ*, vol. 5.

Cézard M., « Les cadres et leurs diplômes », *Économie et statistique*, n° 42, février 1973, p. 25-40.

Cézard M., « Les qualifications ouvrières en question », *Économie et statistique*, n° 110, avril 1979.

Cicourel A., *Method and Measurement in Sociology*, The Free Press of Glencoe, New York, 1964.

Cornu R., « La "noblesse ouvrière" et la maîtrise de l'ouvrage », *in* Salais R. et Thévenot L. (eds.), *Le travail ; marchés, règles, conventions*, INSEE-Economica, Paris, 1986, p. 333-344.

Dadoy M., « Les systèmes d'évaluation de la qualification du travail et les politiques du personnel », Groupe de Sociologie du travail, CNRS-Univ. de Paris-VII, Paris, 599 p., 1976.

Darras, *Le partage des bénéfices. Expansion et inégalités en France*, Éd. de Minuit, Paris, 1966.

Desrosières A., « Éléments pour l'histoire des nomenclatures socioprofessionnelles », *Pour une histoire de la statistique*, tome 1, INSEE, 1977.

Desrosières A., « Marché matrimonial et structure des classes sociales », *Actes de la recherche en sciences sociales*, nos 20-21, mars-avril 1978, p. 97-107.

Desrosières A., « Des individus aux ménages : l'étude des milieux sociaux par les catégories socioprofessionnelles », *in Données sociales*, INSEE, n° 5, 1984a.

Desrosières A., « La nouvelle nomenclature des professions et catégories socioprofessionnelles », *in Données sociales*, INSEE, n° 5, 1984b.

Desrosières A., « Histoires de formes : statistiques et sciences sociales avant 1940 », *Revue française de sociologie*, vol. 26, n° 2, 1985, p. 277-310.

Desrosières A., « Les nomenclatures de professions et emplois », *in* Affichard J. (éd.), *Pour une histoire de la statistique*, t. 2, INSEE-Economica, Paris, 1987, p. 35-56.

Desrosières A. et Thévenot L., « Les mots et les chiffres : les nomenclatures socioprofessionnelles », *Économie et statistique*, n° 110, avril 1979, p. 49-65.

Desrosières A. et Thévenot L., « Métiers et catégories socioprofessionnelles », *in Données sociales*, INSEE, n° 4, 1981, p. 161-197.

Desrosières A., Goy A., Thévenot L., « L'identité sociale dans le travail statistique ; la nouvelle nomenclature des professions et catégories socioprofessionnelles », *Économie et statistique*, n° 152, février 1983, p. 55-81.

Durkheim E., Mauss M., « De quelques formes primitives de classification », *Année sociologique*, n° 6, 1903, republié dans Mauss M., *Essais de sociologie*, Éd. de Minuit, Paris, 1968.

Eymard-Duvernay F., « Les secteurs de l'industrie et leurs ouvriers », *Économie et statistique*, n° 138, novembre 1981.

Foucault M., *Les mots et les choses*, Gallimard, Paris, 1966.

Freidson E., « The Theory of Professions : State of the Art », Reprinted from Dingwall R. et Lewis P. (eds), *The Sociology of the Professions, Lawyers, Doctors and Others*, Londres : Macmillan, 1983, et New York : St Martin's Press, 1983, p. 19-37.

Girard A., *La réussite sociale en France, ses caractères, ses lois, ses effets*, Travaux et Documents, n° 38, INED-PUF, 1961.

Girard A., *Le choix du conjoint. Une enquête psycho-sociologique en France*, Cahiers de l'INED, n° 70, 1964.

Glaude M., Moutardier M., « Les budgets des ménages », *Économie et statistique*, n° 140, janvier 1982.

Gollac M., Laulhé P., « Dossier sur la mobilité sociale », *Économie et statitisque*, nos 199-200, mai-juin 1987, p. 83-113.

Gollac M., Seys B., « Les professions et catégories socioprofessionnelles ; premiers croquis », *Économie et statistique*, nos 171-172, novembre-décembre 1984, p. 79-134.

Guibert B., Laganier J., Volle M., « Essai sur les nomenclatures industrielles », *Économie et statistique*, n° 20, février 1971.

Halbwachs M., *Analyse des mobiles dominants qui orientent l'activité des individus dans la vie sociale*, Institut Solvay, Bruxelles, réédité en 1964 sous le titre : *Esquisse d'une psychologie des classes sociales*, Marcel Rivière, Paris, 1938.

Heran F., « L'assise statistique de la sociologie », *Économie et statistique*, n° 168, juillet-août 1984.

Huet M., « Les catégories statistiques utilisées pour classer les épouses et enfants d'agriculteurs, des principes à l'usage effectif », *in* Thévenot L.

(éd.), *Les catégories socioprofessionnelles et leur repérage dans les enquêtes, Archives et documents*, INSEE, n° 38, 1981.
D'HUGUES P., PETIT G., RERAT F., *Les emplois industriels*, CEE-PUF, Paris, 1973.
INSEE, *Dictionnaire des métiers et appellations d'emploi*, INSEE-PUF, 1955.
INSEE, *Code des métiers, index analytique*, Paris, 1975a.
INSEE, *Code des métiers, index alphabétique*, Paris, 1975b.
INSEE, *Code des catégories socioprofessionnelles*, 6e édition, Paris, 1977.
INSEE, *Nomenclature des professions et catégories socioprofessionnelles (PCS) ; index analytique*, 1re édition, Paris, 1983a.
INSEE, *Nomenclature des professions et catégories socioprofessionnelles (PCS) ; index alphabétique*, 1re édition, Paris, 1983b.
INSEE, *Guide des catégories socioprofessionnelles (nomenclature PCS)*, 1re édition, Paris, 1983c.
INSEE, *Index alphabétique pour le chiffrement des catégories socioprofessionnelles (nomenclature PCS)*, 1re édition, Paris, 1983d.
INSEE, ministère des Affaires sociales et de la Solidarité nationale, *Nomenclature des professions et catégories socioprofessionnelles ; emploi salarié d'entreprise (PCS-ese)*, Paris, 1983.
KALAORA B., SAVOYE A., *Les inventeurs oubliés. Frédéric Le Play et ses continuateurs*, CERFISE, 1987.
KOCKA J., « Class Formation, Interest Articulation and Public Policy : the Origins of the German White Collar Class in the Late Nineteenth and Early Twentieth Centuries », *in* BERGER S. (éd.), *Organizing Interests in Western Europe*, Cambridge University Press, Cambridge, 1981.
KRAMARZ F., « Conditions de travail et gestion de la main-d'œuvre ouvrière », *Économie et statistique*, n° 186, mars 1986.
LATOUR B., « Les vues de l'esprit », *Culture technique*, n° 14, 1985, p. 4-29.
LEBART L., TABARD N., « La morphologie sociale des communes urbaines », *Consommation*, n° 2, 1971.
LÉVI-STRAUSS C., *La pensée sauvage*, Paris, Plon, 1962.
LORIAUX M., « Profession, statut, classe : un tiercé gagnant pour la sociologie », *in Population et structures sociales*, Chaire Quetelet 81, Louvain-la-Neuve, Cabay, 1981.
MAYER N., *La boutique contre la gauche*, Presses de la Fondation nationale des sciences politiques, Paris, 1986.
MERLLIÉ D., « Sur la production des données statistiques : l'origine sociale des étudiants », *in Mélanges Madeleine-Grawitz*, Dalloz, Paris, 1982.
MERLLIÉ D., « Une nomenclature et sa mise en œuvre : les statistiques sur l'origine sociale des étudiants », *Actes de la recherche en sciences sociales*, n° 50, novembre 1983.
MERLLIÉ D., PRÉVOT J., *La mobilité sociale*, La Découverte, Paris, coll. « Repères », 1991.
MEYNAUD A., DUCLOS D., *Les sondages d'opinion*, La Découverte, Paris, coll. « Repères », 1986.
PIORE M., SABEL C., « Le paradigme de la production de masse et ses alternatives, le cas des États-Unis et de l'Italie », *in* THÉVENOT L. (éd.), *Conventions économiques*, CEE-PUF, Paris, 1986, p. 1-20.
POHL R., SOLEIHAVOUP J., « La mobilité sociale à travers deux ou trois générations », *Économie et statistique*, n° 144, mai 1982.
POLLAK M., « La planification des sciences sociales », *Actes de la recherche en sciences sociales*, nos 2-3, 1976, p. 105-121.
PORTE J., « Les catégories socioprofessionnelles », *in Traité de Sociologie du travail*, de G. FRIEDMANN et P. NAVILLE, Armand Colin, Paris, 1961, t. 1, p. 240.
POULANTZAS N., *Les classes sociales dans le capitalisme aujourd'hui*, Seuil, Paris, 1974.
RIVARD P., « La codification sociale des qualités de la force de travail », *in*

SALAIS R. et THÉVENOT L. (eds.), *Le travail ; marchés, règles, conventions*, INSEE-Economica, Paris, 1986, p. 119-138.

ROSCH E., LLOYD B.B (eds.), *Cognition and Categorization*, New York, Erlbaum, 1978.

SAGLIO J., « Hiérarchies salariales et négociations de classifications. France, 1900-1950 », *Travail et emploi*, mars 1986, p. 7-19.

SALAIS R., BAVEREZ N., REYNAUD B., *L'invention du chômage ; histoire et transformation de la catégorie, des années 1890 aux années 1980*, PUF, Paris, 1986.

SALAIS R., THÉVENOT L. (eds.), *Le travail ; marchés, règles, conventions*, INSEE-Economica, Paris, 1986.

SEYS B., « De l'ancien code à la nouvelle nomenclature des catégories socioprofessionnelles », *Économie et statistique*, n°s 171-172, novembre-décembre 1984.

SEYS B., « De l'ancien code à la nouvelle nomenclature des catégories socioprofessionnelles. Étude méthodologique », *Archives et documents*, n° 156, INSEE, Paris, 1986.

SEYS B., « Les groupes socioprofessionnels de 1962 à 1985 », *in Données sociales*, n° 6, 1987, p. 37-72.

SEWELL W.H., *Gens de métier et révolution. Le langage du travail de l'Ancien Régime à 1848*, Aubier-Montaigne, Paris, 1983.

SIMULA P., « Représentation des emplois et nomenclatures », *Formation-Emploi*, n° 2, 1983.

DE SINGLY F., *Fortune et infortune de la femme mariée*, PUF, Paris, 1987.

SZRETER S., « The genesis of the Registrar-General's social classification of occupations », *The Bristish Journal of Sociology*, vol. XXXV, n° 4, décembre 1984.

THÉLOT C., *Tel père, tel fils ?*, Dunod, Paris, 1982.

THÉVENOT L., « Les catégories sociales en 1975 : l'extension du salariat », *Économie et statistique*, n° 91, juillet-août 1977.

THÉVENOT L., « Une jeunesse difficile ; les fonctions sociales du flou et de la rigueur dans les classements », *Actes de la recherche en sciences sociales*, n°s 26-27, mars-avril 1979, p. 3-18.

THÉVENOT L. (éd.), *Les catégories socioprofessionnelles et leur repérage dans les enquêtes, Archives et documents*, INSEE, n° 38, 1981.

THÉVENOT L., « L'économie du codage social », *Critiques de l'économie politique*, n°s 23-24, 1983a, p. 188-222.

THÉVENOT L., « Les transformations des professions intermédiaires salariées », *in* LAVAU G., GRUNBERG G., MAYER N. (eds.), *L'univers politique des classes moyennes*, Presses de la Fondation nationale des sciences politiques, Paris, 1983b, p. 191-215.

THÉVENOT L., « A propos de la définition des couches moyennes et de la nouvelle nomenclature des professions et catégories socioprofessionnelles », *Revue française de sociologie*, vol. 24, n° 2, avril-juin 1983c, p. 317-326.

THÉVENOT L., « Des cadres moyens aux professions intermédiaires », *in Données sociales*, 1984, p. 551-553.

THÉVENOT L., « Les investissements de forme », *in* THÉVENOT L. (éd.), *Conventions économiques*, CEE-PUF, Paris, 1986, p. 21-71.

THÉVENOT L., « Les Enquêtes formation qualification professionnelle et leurs ancêtres français », *in* AFFICHARD J. (éd.), *Pour une histoire de la statistique*, INSEE-Economica, t. 2, Paris, 1987a, p. 117-166.

THÉVENOT L., « Forme statistique et lien politique. Éléments pour une généalogie des statistiques sociales », miméo, INSEE-CEE, 7 avril 1987, 79 p., 1987b.

VOLLE M., « L'analyse des données », *Économie et statistique*, n° 96, janvier 1979.

VOLLE M., *Histoire de la statistique industrielle*, Economica, Paris, 1982.

ZARCA B., *L'artisanat français. Du métier traditionnel au groupe social*, Economica, Paris, 1986.

Table

LA COLLECTION "REPÈRES"

L'analyse de la conjoncture, n° 90, Jean-Pierre Cling.
Les associations, n° 25, Solange Passaris et Guy Raffi.
Les banques, n° 21, Claude J. Simon.
Les biotechnologies, n° 61, Chantal Ducos et Pierre-Benoît Joly.
La Bourse, n° 4, Michel Durand.
Le budget de l'État, n° 33, Maurice Baslé.
La bureautique, n° 2, Éric Verdier.
Le calcul économique, n° 89, Bernard Walliser.
Le capitalisme historique, n° 29, Immanuel Wallerstein.
Les catégories socioprofessionnelles, n° 62, Alain Desrosières et Laurent Thévenot.
Les cheminots, n° 18, Georges Ribeill.
Le chômage, n° 22, Jacques Freyssinet.
Le commerce extérieur de la France, n° 71, Françoise Milewski.
Le commerce international, n° 65, Michel Rainelli.
Le comportement électoral des Français, n° 41, Colette Ysmal.
La comptabilité, n° 37, Michel Capron.
La comptabilité nationale, n° 57, Jean-Paul Piriou.
La consommation des Français, n° 67, Nicolas Herpin et Daniel Verger.
Les coopératives de production, n° 20, Danièle Demoustier.
Le Crédit agricole, n° 31, André Gueslin.
La crise dans les pays de l'Est, n° 24, Marcel Drach.
La décentralisation, n° 44, Xavier Frège.
La démographie, n° 105, Jacques Vallin.
La dette du tiers monde, n° 19, Pascal Arnaud.
Le dollar, n° 36, Monique Fouet.
L'économie des armes, n° 3, Jacques Fontanel.
L'économie chinoise, n° 39, Françoise Lemoine.
L'économie des États-Unis, n° 80, Monique Fouet.
L'économie mondiale, n° 52, Denis Auvers.
L'économie mondiale de l'énergie, n° 88, Jean-Marie Martin.
L'économie mondiale des matières premières, n° 76, Pierre-Noël Giraud.
L'économie néo-classique, n° 73, Bernard Guerrien.
L'économie des organisations, n° 86, Claude Ménard.
L'économie de la RFA, n° 77, Magali Demotes-Mainard.
L'économie de l'URSS, n° 58, Gérard Duchêne.
L'emploi en France, n° 68, Dominique Gambier et Michel Vernières.
L'ergonomie, n° 43, Maurice de Montmollin.
L'Europe, n° 35, Christian Hen et Jacques Léonard.
L'Europe monétaire, n° 92, Jean-Pierre Patat.
La faim dans le monde, n° 100, Sophie Bessis.
La formation professionnelle continue, n° 28, Claude Dubar.
La guerre des étoiles, n° 40, Carlos de Sá Rêgo et Fabrizio Tonello.
Histoire de l'Algérie coloniale, 1830-1954, n° 102, Benjamin Stora.
Histoire de la sociologie, Charles-Henry Cuin et François Gresle :
1. *Avant 1918*, n° 109.
2. *Depuis 1918*, n° 110.

L'histoire des États-Unis depuis 1945, n° 104, Jacques Portes.
L'histoire en France, n° 84, ouvrage collectif.
Histoire de la philosophie, n° 95, Christian Ruby.
L'immigration, n° 8, Ezzedine Mestiri.
L'indice des prix, n° 9, Jean-Paul Piriou.
L'industrie automobile, n° 11, Géraldine de Bonnafos et *alii*.
L'industrie française, n° 85, Michel Husson et Norbert Holcblat.
Inflation et désinflation, n° 48, Pierre Bezbakh.
Informatique et libertés, n° 51, Henri Delahaie et Félix Paoletti.
L'islam, n° 82, Anne-Marie Delcambre.
Les jeunes, n° 27, Olivier Galland.
Les médecins, n° 59, Michel Arliaud.
Les menaces globales sur l'environnement, n° 91, Sylvie Faucheux et Jean-François Noël.
La mobilité sociale, n° 99, Dominique Merllié et Jean Prévot.
Le monde du soja, n° 5, Jean-Pierre Bertrand.
La monétique, n° 55, Nezih Dinçbudak et Ugur Müldür.

LA COLLECTION "REPÈRES"
(suite)

La monnaie et ses mécanismes, n° 70, Monique Béziade.
Les multinationales, n° 54, Wladimir Andreff.
Nouvelle histoire économique de la France contemporaine :
2. *L'industrialisation (1830-1914)*, n° 78, Patrick Verley.
4. *L'économie ouverte (1948-1990)*, n° 79, André Gueslin.
Les nouveaux produits financiers, n° 60, Jacques Régniez.
Les nouvelles politiques sociales du patronat, n° 30, Pierre Morville.
Les nouvelles théories du marché du travail, n° 107, Anne Perrot.
Le patrimoine des Français, n° 81, André Babeau.
Le pétrole, n° 46, Agnès Chevallier.
Les policiers, n° 13, Pierre Demonque.
La population française, n° 75, Jacques Vallin.
La population mondiale, n° 45, Jacques Vallin.
La presse en France, n° 63, Yves Guillauma.
La protection sociale, n° 72, Numa Murard.
La publicité, n° 83, Armand Mattelart.
Les relations Nord-Sud, n° 101, Christian Comeliau.
Les retraites, n° 47, Edgard Andréani.
Le revenu minimum garanti, n° 98, Chantal Euzéby.
Les revenus en France, n° 69, Yves Chassard et Pierre Concialdi.
La robotique, n° 12, Benjamin Coriat.
La santé et le travail, n° 17, Denis Duclos.
La science économique en France, n° 74, ouvrage collectif.
La sociologie en France, n° 64, ouvrage collectif.
Les sondages d'opinion, n° 38, Hélène Meynaud et Denis Duclos.
Le syndicalisme face à la crise, n° 50, René Mouriaux.
Le système monétaire international, n° 97, Michel Lelart.
Les taux de change, n° 103, Dominique Plihon.
Les télécommunications, n° 42, Bruno Aurelle.
La télévision, n° 49, Alain Le Diberder et Nathalie Coste-Cerdan.
Les théories des crises économiques, n° 56, Bernard Rosier.
Le tiers monde, n° 53, Henri Rouillé d'Orfeuil.
Les transferts de technologie, n° 7, Jacques Perrin.
Travail et travailleurs au Chili, n° 26, Cécilia Casassus Montero.
Travail et travailleurs aux États-Unis, n° 16, Marianne Debouzy.
Travail et travailleurs en Grande-Bretagne, n° 32, François Eyraud.
Travail et travailleurs en URSS, n° 15, Jacques Sapir.
Les travailleurs sociaux, n° 23, Jacques Ion et Jean-Paul Tricart.
L'urbanisme, n° 96, Jean-François Tribillon.

La collection Repères *est animée par Jean-Paul Piriou, avec la collaboration de Hervé Hamon, Bernard Colasse, Dominique Merllié et Christophe Prochasson.*

Composition Facompo, Lisieux (Calvados)
Achevé d'imprimer en mai 1992
sur les presses de l'imprimerie Carlo Descamps,
Condé-sur-l'Escaut (Nord)
Dépôt légal : mai 1992
Numéro d'imprimeur : 7490
Deuxième tirage : de 7000 à 11000 exemplaires
ISBN 2-7071-1758-7